...to ha odierno tro-
...vistro a Londra, luo-
...re stimato ripo-
...egli è lieto ael bel
... durante il quale
...re ha visto e molto
...prio tesoro di espe-
... Sottoporrà a chi
...ofie ma non invie-
...visita finchè non
...tre nuove. —

...tro va a letto; egli
... immenso nel quale
...dente, si giace solo.

...io Offeso. —

Giuseppe Tomasi di Lampedusa
Ein Literat auf Reisen

Giuseppe Tomasi di Lampedusa

Ein Literat auf Reisen

Unterwegs in den
Metropolen Europas

Aus dem Italienischen
von Giovanna Waeckerlin-Induni

Piper
München Zürich

Mehr über unsere Autoren und Bücher:
www.piper.de

Die italienische Originalausgabe erschien 2006 unter dem Titel
»Viaggio in Europa« bei Mondadori in Mailand.

Alle Abbildungen im Innenteil stammen von
AKG-Images GmbH, Berlin

ISBN 978-3-492-05185-9
© 2006, Arnoldo Mondadori Editore SpA, Milano
Edizione su licenza della Fondazione Biblioteca di via Senato
All rights reserved
© der deutschsprachigen Ausgabe:
Piper Verlag GmbH, München 2009
Satz: Filmsatz Schröter, München
Druck und Bindung: CPI – Clausen & Bosse, Leck
Printed in Germany

Inhalt

Vorwort

Die Erinnerung und die Briefe 7

1925

Brief I   Paris, 27. Juli 1925 19

1927

Brief II   London, 4. Juli 1927 27
Brief III   London, 5. Juli 1927 33
Brief IV   York, 9. Juli 1927 37
Brief V   York, 13. Juli 1927 45
Brief VI   London, 20. Juli 1927 51
Brief VII   London, 24. Juli 1927 53
Brief VIII London, 25. Juli 1927 67
Brief IX   London, 5. August 1927 73
Brief X   London, 10. August 1927 77
Brief XI   Paris, 14. August 1927 83
Brief XII   Mendelpass, 30. August 1927 85
Brief XIII Klobenstein, 3. September 1927 87
Brief XIV   Klobenstein, 6. September 1927 89

Brief XV	Brixen, 20. September 1927	93
Brief XVI	Brixen, 1. Oktober 1927	95
Brief XVII	Florenz, 16. November 1927	99
Brief XVIII	Florenz, 18. November 1927	105

1928

Brief XIX	Paris, 8. Juni 1928	109
Brief XX	London, Juni 1928	111
Brief XXI	London, 14. Juli 1928	121
Brief XXII	London, 14. Juli 1928	123
Brief XXIII	Paris, August 1928	129
Brief XXIV	Zürich, September 1928	133

1929

Brief XXV	Rom, 17. Mai 1929	141
Brief XXVI	Rom, 18. Mai 1929	144

1930

Brief XXVII	Berlin, 13. August 1930	147
Brief XXVIII	Berlin, 13. August 1930	153
Brief XXIX	Berlin, September 1930	159

Anhang

Brief I	Palermo, 28. Juni 1926	169
Brief II	Palermo, 16. Oktober 1938	173
Roman eines Reisenden		177
Erläuterungen zum Text		193

Vorwort

Die Erinnerung und die Briefe

Giuseppe Tomasi di Lampedusas Briefnachlass im Besitz der Erben besteht aus zwei wesentlichen Teilen. Der umfangreichere erste Block, von dem ungefähr vierhundert Briefe vorliegen, umfasst den regen Briefwechsel zwischen Giuseppe und seiner Gattin Alessandra Wolff Stomersee. Da sich ihre Korrespondenz sehr oft überschneidet, fehlt weitgehend die Verknüpfung zwischen den einzelnen Briefen. Geht man davon aus, dass sie einander dreimal wöchentlich schrieben, müssten es mindestens doppelt so viele Briefe gewesen sein.[1] Die Briefe sind alle auf Französisch geschrieben und enthalten eine Menge für den Leser unvollständige Informationen. Der Briefwechsel widerspiegelt eine enge und (vonseiten Giuseppes) gleichzeitig zurückhaltende Beziehung, dennoch kann man davon ausgehen, dass der gegenseitige Austausch keineswegs lückenhaft war.

Der zweite Block besteht aus ungefähr siebzig Briefen, die an italienische Briefpartner gerichtet sind, darunter die engeren Freunde des Autors. Diese Briefe haben also eine besondere biografische Bedeutung und bringen uns Lampedusas Persönlichkeit vor 1955 näher, dem Jahr, als ich und meine Altersgenossen in einen engeren Kontakt mit dem

Autor traten. Auch drei Briefe an Guido Lajolo und drei Briefe an Bruno Revel – die beiden Freunde aus den Kriegs- und den Universitätsjahren – befinden sich darunter, doch sie sind, im Unterschied zu den anderen Briefen, in einem sehr kameradschaftlichen Ton geschrieben und zeugen von einem verbindlichen Umgang. Alle Briefe an die italienischen Briefpartner sind auf Italienisch geschrieben, in einer Sprache also, die Lampedusa – im Gegensatz zu Französisch – perfekt beherrschte.

In den von der *Fondazione Biblioteca di via Senato* in Mailand erworbenen und in diesem Band vorgestellten Briefen begegnen wir der Person Lampedusas in den Jahren 1925 bis 1930. Bis auf einen an seine Tante Teresa Piccolo gerichteten Brief aus dem Jahre 1938 (II. Palermo, 16. Oktober 1938), in dem es um die Sorge der Familie hinsichtlich der Gesundheit von Giuseppes Mutter geht und der in einem ganz anderen Stil verfasst ist, sind alle Briefe an die Cousins Casimiro und Lucio Piccolo di Calanovella gerichtet.

Zu den Briefen aus diesem zweiten Fundus kommen noch zwei weitere: einer aus dem Archiv der *Fondazione Famiglia Piccolo di Calanovella* in Capo d'Orlando, einer (V., York, 13. Juli 1927) an Casimiro Piccolo[2] und einer (XXVII., Berlin, 13. August 1930) an seine Tante Alice Barbi, Gattin von Pietro Tomasi della Torretta. Diesen Brief haben wir aufgrund seiner chronologischen und thematischen Affinität hinzugefügt.

Im Anhang findet sich außerdem ein Brief vom 28. Juni 1926 (im Besitz der Erben), den Giuseppe Tomasis Mutter ihm während seines Londoner Aufenthalts schrieb und der sowohl von der Vertrautheit zwischen Mutter und Sohn zeugt als auch von ihrer gemeinsamen Neigung, die Welt mit spöttisch-ironischem, ja sarkastischem Blick zu betrachten.

Die an die Cousins Piccolo gerichteten Briefe sind im brillanten Konversationsstil der vielen Begegnungen geschrieben, an denen teilzunehmen ich das Glück hatte. Dieser Stil wird zur Sprache des *Gattopardo* und der *Racconti* führen und gleichzeitig zu einer ganz besonderen Betrachtungsweise der den Autor umgebenden Welt. Der untrügliche Blick, die beißende Introspektion, die stilistische Charakterisierung der menschlichen Komödie, die später sein Werk prägen wird, sind bereits deutlich erkennbar.

Die erwähnten Briefe schildern Lampedusas typische Sommerreise in den Zwanzigerjahren: eine lange europäische Reise, beginnend mit einem Aufenthalt in England, dem sich eine kurze Rundreise durch Frankreich und ein Abstecher nach Österreich anschließen, bevor er sich mit der Mutter zu einem Ferienaufenthalt im Tirol trifft. Für die Zeit vor 1927 liegt uns eine Sommerkorrespondenz (siebzehn Briefe) vor, die als vollständig bezeichnet werden kann.

Von 1928 bleiben nur sechs Briefe, die eine ähnliche Reiseroute schildern (Lampedusa reist über Zürich nach Innsbruck). Von 1929 zwei Briefe aus Rom, von 1930 drei aus Berlin. Die Briefe aus Berlin knüpfen an seine baltische Reise an, während deren sich die Beziehung anbahnt, die zu seiner Eheschließung führen wird. Ein Brief in einem ganz anderen Tonfall – dem »italienischsten« der Briefsammlung – stammt aus dem Jahr 1925.

Die Auffindung dieser Briefe bestätigt und bereichert mein Bild von Giuseppe Tomasi di Lampedusa und den drei Geschwistern Piccolo: Agata Giovanna (1891–1974), Casimiro (1894–1970) und Lucio (1901–1969). Einige Erkenntnisse hatten sich mir induktiv während der vielen Besuche in Capo d'Orlando in den Jahren 1953–1957 und aus den Schilderungen Lampedusas erschlossen. Sie wurden durch die Briefe nur noch bestätigt, insbesondere was die Stellung der Geschwister innerhalb der Familie und ihre Beziehung zur Außenwelt angeht. Als ich 1953 zum ersten Mal Capo d'Orlando besuchte, war Baronin Teresa, die Mutter der drei Geschwister, schwer krank; sie sollte im Dezember des gleichen Jahres sterben. Von 1954 an hielt ich mich öfter als Gast der Familie Piccolo in Capo d'Orlando auf. Mit der Zeit wurden die Besuche häufiger, und 1956–57 fanden sie in einem zweimonatlichen Rhythmus statt und dauerten jeweils ein paar Tage.

Die Geschwister Piccolo schienen in einer magischen Welt aus kulturellen und persönlichen Anspielungen zu leben, ihre Gespräche bestanden aus einem permanenten Austausch von spitzzüngigen Andeutungen, bei denen sich Casimiro und Lucio besonders hervortaten.

Nach der kurzen Auffahrt betrat man ein großes Vestibül, das die Villa mit dem anschließenden breiten Flur in zwei Sektoren trennte. Rechts befanden sich zwei Gästezimmer und das Esszimmer. Links die Schlafzimmer der Geschwister, die ich allerdings nur einmal betreten habe, als ich die bettlägerige Giovanna besuchte. Ihre letzten Lebensjahre verbrachte sie zwischen richterlichen Siegeln an allen Ecken und Enden: die Folge eines Erbschaftsstreits zwischen Lucios Sohn Giuseppe und dem Onkel, der Tante und der von Letzteren gegründeten *Fondazione Famiglia Piccolo di Calanovella*. Giuseppe Tomasi erzählte mir, auch er habe das Schlafzimmer seiner Tante Teresa – der Schwester seiner

Mutter – nur bei deren Tod betreten. Meine Frau Mirella hingegen war einige Male mit Giovanna in den privaten Räumen ihrer Mutter zu Besuch – ein Zeichen weiblicher Solidarität.

Zuhinterst im Flur befand sich das große Wohnzimmer mit dem Blick aufs Meer. Die bunt zusammengewürfelte Einrichtung stand in einem augenfälligen Gegensatz zur Architektur des Hauses. Die verschiedensten Gegenstände stapelten sich monate-, jahrelang: Spiritismus-Zeitschriften, Gartenzeitschriften, allerlei Krimskrams, Geschenke von Bediensteten oder Pächtern lagen auf den Regalen und auf den Sesseln herum, sodass die rechte Hälfte des Raumes nicht benutzbar war und dies um so mehr, als auch Lucio Piccolos Pianino dort stand. Links, in einem abgetrennten Bereich, war Casimiros Sessel vor einem für die damalige Zeit monumentalen Fernsehgerät platziert. Casimiro war phobisch und brauchte einen bakterienfreien Raum. Seine Hände waren meistens von den häufigen Alkoholdesinfektionen rot und rissig. Die zwei Sofas im rechten Winkel zum großen Fenster mit Sicht aufs Meer waren für Giovanna und die Gäste reserviert. Hier wurde nicht über Dichtung debattiert – besser gesagt, dieser Raum fiel nicht in Lucios Zuständigkeitsbereich –, und die Hauptperson war entweder Giovanna oder Casimiro. Sie waren beide sehr belesen. Giovanna, die in den hauswirtschaftlichen Bereich verbannt war, unterhielt sich vor allem über Handarbeiten und Gartenpflege. Casimiro hingegen war eine unerschöpfliche Fundgrube genüsslicher literarischer Reminiszenzen. Er war die dominierende Person im Salon, ob er nun über Literatur sprach (er war ein profunder Kenner der französischen Literatur des ausgehenden 19. Jahrhunderts, insbesondere von Anatole

Frances Werk), über Spiritismus, Fotografie oder Malerei. Er war überdies ein hervorragender Kunstkenner, und für ihn stellten Velázquez' und Goyas Bilder den Glanzpunkt der Malerei dar.

Lucio kauerte in einem Sessel und wurde wie das Nesthäkchen der Familie behandelt; er beteiligte sich nicht an den ernsthaften Gesprächen; er wurde nur mit einbezogen, wenn die Rede auf Visionäres kam – was, nebenbei gesagt, meistens der Fall war – und sich ineinander verschlingende allegorische Visionen entspannen. Allegorien übrigens, bei denen sich einem die Haare sträubten.

Lucios Domäne war das Zimmer gleich neben dem Eingang. Hier wurden die »literarischen« Gäste hineingebeten, die in Casimiros Reich nicht zugelassen waren. Oder dann wurden die Debatten ins Schlafzimmer an der Vorderseite des Hauses verlegt, wo Giuseppe, das Monstrum, untergebracht war. Und dort hat uns denn auch Lucio, Schritt für Schritt, sein entstehendes dichterisches Werk vorgelesen und diktiert, und einige handschriftliche Fassungen seiner Lyrik wurden entweder von Tomasi oder von mir redigiert. Lucios Reich war ebenfalls den großen Phantasmagorien vorbehalten, bei denen die Personen des täglichen Lebens in eine Fabeldichtung eingefügt wurden, in der sie die Rolle lächerlicher Helden spielten. Jede Figur trat mit einer für sie typischen Bezeichnung in ihrer imaginären Rolle auf: Giuseppe war das »Monstrum«; ich war das »Schlawinerchen«; Pietro Emanuele Sgadari war der »Magier« oder der »Wesir«; Raniero Alliata di Pietratagliata war ebenfalls »der Magier«; Francesco Agnello war der »Bischof«; Francesco Orlando »der Dichter«; Filippo Cianciafara der »König«; Lucio Papa d'Amico der »Commendatore Imbroglietti«

usw.: Spitznamen,[3] die, wie in der Commedia dell'Arte, im Rahmen der Aufführung das Verhalten der Personen vorbestimmen.

Wenn ich diese Erinnerungen mit den Briefen vergleiche, erstehen vor mir all die Bilder wieder. Auch in den Briefen haben die Personen einen Spitznamen, manchmal sogar mehrere, und die verschiedenen Rollen werden den Hierarchien entsprechend zugewiesen. Casimiro ist der bevorzugte Adressat. Obschon nur vier Briefe an ihn gerichtet sind (zwei an Lucio, und die anderen an beide), bleibt Casimiro der eigentliche Briefpartner. Daraus lässt sich ableiten, dass er vorwiegend der Verfasser der Antwortschreiben war.

Ein Thema, das sowohl in den Gesprächen als auch in den Briefen regelmäßig wiederkehrt, ist der Tratsch über sexuelle Gepflogenheiten. Was heute eher ungewöhnlich ist, aber in den Jahren 1940–1960 in gesellschaftlichen Kreisen gang und gäbe war. Das Datum 1960 könnte man als *Terminus a quo* für den allgemeinen Zusammenbruch der Agrareinkünfte der sizilianischen Gesellschaft bezeichnen. Die Einkünfte hatten zwar schon früher abzubröckeln begonnen, Ende der Fünfzigerjahre jedoch verflüchtigten sie sich im lampedusischen »Schwalbenflug«. Das anzügliche Geplauder widerspiegelte lediglich die Schrullen einer der *otia*[4] verfallenen Gesellschaftsschicht, die, selbstvergessen, kaum empfänglich war für das, was in der weiten Welt vor sich ging. Bevorzugter Treffpunkt jener *otia* und ihrer Illusionen war für unsere Helden der *Circolo Bellini*, der Club der palermischen Aristokraten.

In diesem Kontext unterschied sich Giuseppe Tomasi um die Mitte der Zwanzigerjahre sehr vom verbitterten Fürsten

Lampedusa der Fünfzigerjahre. Die Villa Piccolo auf der Piana verbreitete immer noch den märchenhaften kindlichen Zauber von Santa Margherita Belice und der vergangenen Zeiten. Deshalb liebte er den Ort so sehr. Doch die Jahre nach dem Zweiten Weltkrieg waren für ihn hart, sehr hart gewesen, daher waren nun seine Antennen auf die Außenwelt gerichtet im Bemühen, den Sizilianern der neuen Generation das Weltabgekehrtsein und das sich daraus ergebende Verhalten zu ersparen, was ihm das Leben unsäglich erschwert hatte. Nur in der Piana war alles wie einst. Das »Monstrum« war sich dessen bewusst, und ich erinnere mich an eine zärtlich-melancholische Bemerkung: »Die Piccolo glauben nicht nur an die Fortdauer des Kontakts mit den Toten, sondern sie setzen auch ein ewiges Überleben der Piana voraus, wo die Mutter, sie drei und ihre Hunde nach ihrem Tod weiter zwischen puy'schen und agapanthen[5] Agrumengärten spazieren und, *last but not least*, ihre Pächter, Bauern und dienstbaren Geister sich weiterhin um sie kümmern.«

Wie aus der hier veröffentlichten Briefsammlung hervorgeht, hatte sich die Weltsicht des Reisenden Lampedusa im Laufe der Jahre 1925 bis 1930 erweitert. Sich ständig des Trostes der Einsamkeit vergegenwärtigend, besuchte er London, England, Paris im Sinne einer Erkundung literarischer Orte. Er zitiert ergriffen die vollständige Anonymität der Großstädte, wie sie in Rilkes *Aufzeichnungen des Malte Laurids Brigge* geschildert wird. Doch im Berlin der Dreißigerjahre enthüllen die Begegnungen mit verschiedenen Perversionen im *Café Chantant*[6] dem Blick des Reisenden die sich über Deutschland zusammenballenden dunklen Wolken. Die

Deutschen, »*glaube ich, werden in zehn Jahren allen Nationen ihre Visitenkarte von einem Kellner überbringen lassen*…« Dieser ungewöhnliche Fürst war weitblickend: Die Zeit der *otia* und der schlüpfrigen Scherze schwand dahin. In zehn Jahren – wenn nicht schon früher – würden die Trompeten der Apokalypse erschallen.

Gioacchino Lanza Tomasi

1925

Paris, Pont de la Tournelle

Brief 1

Paris – 27. Juli 1925 –

Lieber Casimiro,

ich bin ganz außer mir wegen der Politik. Vor ein paar Tagen, bereits, hatte mich Amendolas Schelte mit heimlicher Wollust erfüllt; jetzt zu sehen, dass Palermo im Rampenlicht der italienischen, ja fast der europäischen Politik steht, erfüllt mich mit Stolz.[1] Ich hoffe also, dass ihr zu gewinnen in der Lage seid und beweisen werdet, dass Palermo, trotz mangelnder städtischer Straßenreinigung, nicht eines gründlichen politischen Reinigungs- und Müllentsorgungssystems entbehrt. Das vorgesehene Duell (oder besser gesagt Turnier) zwischen dem Präfekten und Trabia,[2] Cesarò[3] und Arenella,[4] wird von höchstem Interesse und tiefster Komik sein; und wäre ich Millionär, würde ich keine Sekunde zögern, nach Palermo zurückzukehren, nur um dem Spektakel beizuwohnen.

Und das Bellini erst![5] Das Bellini in diesem Moment, da das Blut seines Lamas[6] wegen der im höchsten Grade spannenden Frage der bellinianischen Angelegenheit des Aventin zu fließen droht!

»J'ai vu mourir Louis XVI et Bonaparte«[7] oder, wenn auch

nicht gerade dies, ich habe in meinem Leben mehr als
nur eine der Erinnerung würdige Begebenheit gesehen.
Ich habe Raniero den Magier[8] Ma-Jongg[9] spielen sehen; ich
habe in Brügge die Schwäne durch die samtenen Gewässer
des Lac d'Amour gleiten sehen; ich habe Picadylli am Mittag
und Montmartre um Mitternacht gesehen; ich habe Michelangelos Moses gesehen und habe Masnata[10] über Antiquitäten reden hören; ich habe mehrmals mit Pirandello[11] zu Mittag gegessen und habe mit Raimondo Arenella geplaudert;[12]
ich habe die Schönheit von Prinzessin Jolanda[13] gesehen und
die Hässlichkeit ihres Gatten; ich bin unter den jahrhundertealten Linden von Windsor und unter den altehrwürdigen
Zypressen Fiesoles flaniert; ich habe den Krieg und habe
die blutigste Nachkriegszeit erlebt; ich habe Mussolini im
schwarzen Hemd und die junge Alice[14] in Hofrobe gesehen;
ich habe die *cailles truffées au champagne* von Mrs Vanderbilt[15]
gegessen und habe den Hunger mit der Hirse des *Kriegs-*
gefangenen[16] gestillt, ich habe die Gemälde von Turner in der
Tate Gallery gesehen, die von Memling in Brügge und die
von Raffael im Louvre; ich kenne Dante, liebe Shakespeare,
ich habe Goethe gelesen und habe Lucios[17] Gedichte über
mich ergehen lassen; ich habe Rosalindes[18] Augen und Mary
Ashleys[19] Beine gesehen; ich kenne die heitere Würde Vicen-
zas und die Spießbürgerlichkeit Brüssels; ich habe die unmöglichsten Geschicke erfahren: der Vizekönig von Indien
hat darauf bestanden mir den Vortritt zu lassen; und ich bin
von Corradino[20] verhöhnt worden, in Modena habe ich der
Tochter eines Gastwirts den Hof gemacht und in London
Lady Beauchamps[21]; ich habe die unmöglichsten Geschicke
erfahren und war allen gewachsen. Ich wiederhole; *»j'ai vu*
mourir Louis XVI et Bonaparte«.[22]

Und dennoch, alle diese Erfahrungen würde ich dafür geben, alle würde ich aus meiner Erinnerung tilgen, um das Vergnügen zu haben, in diesen Tagen eine Stunde lang einer Sitzung im *Bellini* beizuwohnen.

In Antwerpens berühmtem zoologischen Garten habe ich den *Palais de singes* gesehen; über dreihundert Affen mit den verschiedensten Schnauzen und den vielfältigsten Hinterteilfarben gaben sich in einem riesigen Käfig den schamlosesten Sarabanden hin, lieferten sich die drolligsten Verfolgungsjagden und versuchten, vergeblich, uns über unsere Vorfahren zum Erröten zu bringen. Ich bin jedoch überzeugt, dass jener Käfig ein Beispiel höchster Spiritualität, würdigen Anstands, ruhiger Anmut ist, eine Art Hain des Akademos[23] oder Salon der Madame de Rambouillet[24], verglichen mit dem *Bellini* in diesen Tagen.

Du Glücklicher, der du in diesen Zeiten soviel Heiterkeit speichern kannst, um Vorsorge für ein langes Leben[25] zu treffen.

Mit diesem Brief schicke ich dir auch eine Broschüre über die Ausstellung für Dekorative Kunst[26], die eben hier stattfindet. Sie ist äußerst interessant; vor allem die Architekturen sind großartig; die Möbel und die Einrichtungen der Räume sind im Übrigen nicht minder sehenswert. Ich habe den Eindruck, dass der Stil des 20. Jahrhunderts endlich gefunden worden ist. Sie würde dich sehr interessieren. Und zudem ist das Schauspiel wunderbar, vor allem abends. Die schönsten Pavillons sind der österreichische und der tschechische. Der italienische Pavillon, der, innen, ziemlich interessant ist und, außen, ein völliges Unverständnis für den Zweck der Ausstellung beweist, ist im Renaissance-Stil gestaltet und, noch schlimmer, mit einer endlosen lateinischen Inschrift versehen. Doch weil der ewige Spießbürger das allgemeine Publikum ausmacht, gehört er, nach dem, was ich in der Menge gehört habe, zu denjenigen, die den größten Beifall finden. Ebenso schmerzlich ist es, das totale Unverständnis und den leichtfertigen Spott des Publikums für alle anderen schönen Dinge mit anzusehen; und da es sich hier nicht um reine Kunst handelt, sondern um Gebäude zum Bauen, um Möbel zum Verkaufen und um Dekoration zum Anwenden, ist die Engstirnigkeit des Publikums schlimm und kann diesen neuen künstlerischen Impuls zum Scheitern bringen.

In einer Buchhandlung in der Rue Royal ist ein ganzes Schaufenster Büchern über den Faschismus und Porträts von Mussolini in jedem Alter, in allen Posen und Kostümen gewidmet. Übrigens, hier zirkulieren in den Zeitungen beunruhigende Gerüchte über seinen Gesundheitszustand, was hört man bei euch darüber?
In einer Nebenstraße findet eine Art Jahrmarkt statt; und zwischen anderen Dingen ein »Roulette«, dessen Fächer nicht mit Zahlen, sondern mit Flaggen der verschiedenen Nationen gekennzeichnet sind; nachdem ich eine Zeit lang zugeschaut habe, ist die Kugel auf der italienischen Flagge stehen geblieben; und der Mann hat verkündet: »*C'est l'Italien qui a gagné.*« Und in der Menge sagt ein junger Bursche zu seinem Freund: »*Je te crois; avec leur Mussolini!*«[27]
Kleine Symptome.
Andererseits befinden sie sich hier in einem Zustand von latentem Bolschewismus; die Lage ist sehr ernst. Doch was soll die nationale Würde; ich pfeife darauf; weil ich weiß, dass selbst wenn die Revolution ausbricht, mir niemand ein Haar

krümmen oder mir einen Sou rauben wird, weil hinter mir ... Mussolini steht!

Genug, ich muss jetzt ausgehen.

Und wiederhole meine Anregungen und meinen Standpunkt zur Schlacht vom 2. August. Die ich Schritt für Schritt aus dem »giornale di Sicilia« verfolgen werde, dessen Stimme bis hierher reicht.

(Doch, wenn ich ehrlich bin: Ich habe große Angst.)

Ich bitte dich, die Tante[28] und Giovanna zu grüßen und sogar auch Lucio, von dem ich hoffe, dass er auf meinen höflichen Brief aus Brüssel antworten wird.

Mit den herzlichsten Wünschen,
das gallische Monstrum.[29]

Ich lege Ansichtskarten einer entzückenden ägyptischen Statuette aus dem Louvre bei.

Zwei gefaltete Bogen, vier nummerierte Seiten; oben links auf der ersten Seite in einem mit der Feder gezeichneten Viereck: *»Giuseppe Tomasi / Hôtel Vouillemont / 15 – rue Boissy-d'Anglais«*.

Das Postskriptum ist mit einer anderen Feder und einer anderen Tinte geschrieben.

1927

‹London› 4. Juli 27.

Das Bild ist gewiss abgedroschen; ich selbst habe es bereits verwenden müssen, wenn ich nicht irre; ich sehe mich jedoch genötigt mich dessen wieder zu bedienen, weil es genau zutrifft: Wenn man von hier aus an Palermo denkt, sieht man einen eisenfarbnen Ort der Hölle und so auch die Dämme, die ringsum ihn decken,[1] das Ganze glutrot in eine große Staubwolke gehüllt. Ich weiß, natürlich weiß ich, dass sich in dieser Stadt scharenweise ausgezeichnete Künstler, Dichter und Maler tummeln, denen zu schreiben ich die Ehre habe, geschickte Ausschmücker wie Fortunello,[2] profunde Antiquare wie Masnata,[3] Destillateure köstlicher Essenzen wie Ma-Jongg,[4] Bacons Jünger in Naturphilosophie wie V. P.,[5] Kritiker wie Bebuzzo,[6] hübsche Frauen wie Carolina Salandra,[7] Epheben wie Planeta,[8] gelehrte Humanisten wie Pitruzzo,[9] eine Ansammlung edelmütiger Geister, die jeglichem Athen Ehre machen würden; das Ganze im Verborgenen vom höchsten Areopag geregelt, der zwischen den man weiß nicht ob zerfallenen oder nie fertig gebauten Mauern des Palazzo Villarosa[10] residiert.

Dies alles ist mir bekannt: Die Freundschaft, die viele dieser Weisen mir entgegenbringen, ehrt mich: Und ich bin insbesondere stolz, der erlauchten Versammlung anzugehören (wenn auch nicht mit entscheidender Stimme), die sich in jener prächtig verzierten Akropolis versammelt.

Der Eindruck jedoch bleibt.

Stellt euch eine Katze vor, eine gemeine »felis catus«, die zwischen den großen Käfigen des Zoologischen Gartens umherstreift. Sie weiß, dass jener »burning bright«-Tiger,[11] dass jene königlichen Löwen, dass die Panther und Leoparden ihre nahen Verwandten sind; sie stellt beim Tiger die gleichen Schwanzkrümmungen fest, die sie so oft im Spiegel betrachtet hat; sie sieht, wie der Löwe mit den Zähnen die Pferdekeule genau so zermalmt, wie sie den bescheidenen Hühnerflügel handhabt. Und dennoch sträubt sich beim Anblick dieser Super-Katzen ihr armseliges Fell auf dem schmächtigen Rücken, und jene Brüder und Vettern sind gar zu kräftig gebaut, dass sie es wagen würde, ihr Blut in ihnen zu erkennen.

Desgleichen ein Bellinianer (das Monstrum), wenn es bei diesen Giganten des Bellinianismus eingeführt wird, die in den hiesigen Clubs residieren.

Postulat: Ein Bellinianer ist für die englischen Bellinianer, was eure Katze für den Königstiger ist.

Gebäude (vielmehr, zuerst, Straße: Pall Mall: alle Clubs wuchtig, uneinnehmbar, geheim: nur wenige Fahrzeuge (die Bellinianer haben es fertiggebracht, dass die Omnibusse sie nicht mit ihren subalternen Rädern entweihen); nur wenige Geschäfte und alle viril: Gewehre zu 100 Pfund Sterling; Angel und Harpunen für Wale; Spirituosen; Zigarren zu einem halben Sterling das Stück. Policemen, die die Automobile der Herren Mitglieder bewachen. Benzingeruch, Teer- und Havannageruch: die Stille der Heiligen Haine).

Gebäude. Vor allem Eigentum: Hauswirte daher ausgeschaltet, die Angst vor Mieterhöhung, der Schrecken vor der Kündigung: Gewissheit, für alle kommenden Jahrhunderte im gleichen Sessel weiter zu bellinianern.

Fünf Stockwerke. Bellinianischer Stil: ein Kompromiss zwischen Barock und Neoklassizismus; Portlandstein, der den Ruß schluckt und in Bernstein verwandelt. Auf der Straßenseite sieben oder acht Treppenstufen, niedrig und breit, Zeichen der Gastlichkeit; hohe schmale Tür, um die Schwierigkeit zugelassen zu werden und gleichzeitig das Prestige zu signalisieren. Vestibül: grauer Marmor; zuhinterst eine Bronzebüste von Lord Beaconsfield,[12] mittellose, sarkastische und boshafte Gottheit (er war's, der sie »magnficient asses« nannte, da jedoch Bellinianer, wissen sie es nicht). Zehn Kellner: 1,90 m pro Kopf: blaue Livree, gämsfarbene Hose: das Ganze *sauber*. Rechts gigantische Kriegsmaschine aus Mahagoni von einem Super-Butler bedient, einem »carrier« für die Korrespondenz und andere Dinge; links in die Wartesäle für Nichtmitglieder führende Tür.

Noch weiter hinten: »Toilette«: Pissoir aus schwarzem Marmor, ganz mit Porzellan ausgefliest: 20 Plätze. Waschbecken mit warmem Wasser, das einem die Haut verbrüht, und Bürstchen wie es sie nirgends sonst gibt. Im Hintergrund Umkleideraum für vollständigere Verschönerung. Links Garderobe.

Hall: gigantisch, rund, mit Kuppel; eine Armee Ledersessel (echtes und glänzend) und Kanapees, Schreibtische mit silbernen Tintenfässern so groß wie ein Babysarg, Briefmappen babylonischen Ausmaßes. Etliche Bellinianer, die sich miteinander unterhalten: in schweres Tuch gekleidet, umwerfende Schnitte, bunte Hemden mit »idem« steifem Kragen. Und hier ist es Zeit, ein grundlegendes Theorem zu formulieren: Der Londoner Bellinianer ist, im Unterschied zur palermischen Unterspezies, immer sorgfältig gewaschen und rasiert. Rosige und schneeige alte Generäle a. D., mit Gamaschen; hagere Lords mit großer Nase und roter Nelke im Knopfloch, Abgeordnete, die die Zigarre kauen und sie in der Hitze des Gesprächs ins Feuer spucken.

Lesesaal. Eichen-Lamperie, weiße Stuckdecke. Ölporträts von berühmten Mitgliedern: über dem roten Marmorkamin ein Reynolds. Bibliothek: gigantisch: 10 000 Bände; wunderbare Kunsttischlerarbeit, aus dem 17. Jahrhundert, vom alten Sitz des Clubs hierhertransportiert: Nussbaum und dezente Goldverzierungen: Decke von Hoffner:[13] die zu den Bellinianern herabsteigende Wissenschaft. Im Hintergrund zwei große antike Erdglobusse. »Chippendale«-Tisch in der Mitte mit Atlanten und anderen Kleinigkeiten. Alles in einem dreimal vergrößerten Maßstab.

Rechts eine Reihe menschlicher Salons: kleine Rauchzimmer für besondere Gespräche; drei oder vier Räume mit schönen hellen alten Stoffen; in einem die Sammlung orientalischer Porzellane (Legat eines verstorbenen Mitglieds); Spielzimmer.

Im ersten Stockwerk: »Restaurant«; drei helle Räume, kleine Tische; feinste Tischwäsche, viele Blumen und Silber, um die Gedanken zu adeln. In einem anderen Flügel äußerst zahlreiche persönliche Umkleideräume für die Mitglieder, wo sie immer einen Frack und andere Kleidungsstücke bereithalten, um sich umziehen zu können, ohne nach Hause zu gehen.

Im Stockwerk darüber Schlafzimmer.

Ausgezeichnete Küche (französische, zum Glück). Der Londoner Bellinianer verachtet die »Cacciotti«[14] und den gesottenen Kürbis, aus denen die Nahrung der palermischen Spezies hauptsächlich besteht. Und sein »prix fixe«-Menü setzt sich aus Hummer, vorzüglichen Fleisch-»pies« und Erdbeeren zusammen (»lunch« versteht sich).

Grenzenlose Höflichkeit: Das Monstrum stellt fest, dass es eine bedeutende Persönlichkeit ist: Es sitzt zwischen Shaftesbury,[15] seinem Gastgeber, und dem Herzog von Marlborough,[16] ihm gegenüber ein Herr, dessen Namen es nicht kennt, den es aber »de confiance« mit »Mylord« anspricht. Es drückt sich in einem bilderreichen und vage elisabethanischen Englisch aus; es ist zufrieden, weil es sich vor zwei Tagen hat »manikürieren« lassen, doch wenn es die Anzüge seiner Tischnachbarn betrachtet und sie mit seinem vergleicht, fragt es sich, warum Bevilacqua[17] nicht besser das Schmiede-Handwerk ausübt, wofür er, vielleicht, ein ausgezeichnetes Geschick hat.

Als die Tafeln aufgehoben wurden, rauchte es eine gewisse Anzahl exquisiter Zigarren, deren Namen es nicht kennt, da sie lediglich die Initialen des Clubs trugen, bedankte sich und ging. Es besitzt jedoch eine Einladung, die geheiligten Räume zu frequentieren, und es wird sie nutzen, um gut und zu moderatem Preis zu speisen, ohne lästige Vorstellungen, die klugerweise aufgehoben sind.

Anschließend wird das Monstrum einen ausführlichen Bericht seines persönlichen Umgangs mit Se. H. dem Radscha von Baroda verfassen und zwar mit besonderer Erwähnung der Rani, was den Indologen Casimiro besonders freuen wird.[18] Und es kann nicht leugnen, dass besagte Fürstin eine höchst bemerkenswerte Person ist und der erhabensten Bewunderung würdig. Es bekräftigt aber nochmals seinen ausschließlichen Kult für das Abendland und betont, dass die Schönheit besagter Inderin gerade deswegen vollkommen ist, weil besagte Inderin wie eine schöne Italienerin aussieht.

Hier endet es, und unterzeichnet mit vielen Grüßen

das Monstrum aus Mayfair.

Dieser Brief wurde vor ein paar Tagen geschrieben; jetzt logiert das Monstrum im Great Central Hôtel Marylebone Road London. N.W.

Auf Briefpapier des »Hotel Curzon, Curzon Street, Mayfair, London. W.« Vier nummerierte Bogen, acht Seiten himmelblaues Papier. Das Datum ist, schräg, am linken Rand, die Anmerkung über dem Briefkopf hinzugefügt.

Brief III

‹London› 5. Juli 27.

Das Monstrum schickt eine zweite Folge. Überflüssig, nochmals die Kleidung, Bräuche und Pantherin des Radscha zu schildern, weil dies geschehen ist und es gebeten hat, dem sachverständigen Indologen[1] von jenen Schilderungen Mitteilung zu machen. Es wird nur hinzufügen, dass die Pantherin (of course) Bagheera[2] heißt, eine wunderbare Auswirkung der ihrerseits bereits orientalisierten abendländischen Kunst auf den Orient, und dass I.H. die Ranee (die persönlich Fürstin von Lahore ist) als Kind, und daher vor kurzem, in Palermo war und dass sie mir erklärt hat, die Berge um die Conca d'Oro glichen verblüffend denen Nepals, was den Indologen freuen wird, der sich jetzt, mit dem nach dreißig Jahren Fasten und Nagelbett als Fakir fungierenden nackten Lucio samt Turban und Ma-Jongg auf einer der Platanen in der »rôle« des großen Affen, der Illusion wird hingeben können, sich im Land seiner Träume zu befinden.

Das Traumland des Monstrums hingegen ist dieses hier. »Luxe, calme et volupté«.[3] Diese Stadt ist vielleicht die einzige, die eine solche Empfänglichkeit für die Schönheit der Natur hervorzurufen vermag; es ist nämlich keine Stadt, sondern ein Wald, in dem, zusammen mit tief melancholischen Bäumen, auch Häuser gewachsen sind. Nichts Künstliches, nie ein Bebauungsplan; alles spontan gewachsen, lediglich von einem inneren Rhythmus gelenkt. Der stille Fleiß, die zwanglose Ordnung, der größte menschliche Ballungsraum und bei jedem Schritt das Gefühl von ländlicher Umgebung, die Frauen mit der hellen Haut, die Männer in Anzügen mit großzügigen weich fallenden Bundfalten, die Geschäfte, die einem, gegen eine angemessene Zahl Sterling, die chinesischen Jaden, die Emailles aus Limoges und die Spazierstöcke von Brigg[4] anbieten, eine Buchhandlung (kürzlich vom Monstrum entdeckt), wo es *alles* gibt, die »restaurants«, wo man »pasta con le sarde«, Schwalbennester und die »mulligatawny«[5] (Indologe!) essen kann; du kannst die Pheidiasischen Marmore besichtigen und die buddhistischen Terrakotten, und die persischen Miniaturen und die italienischen und deutschen Inkunabeln; 672 von den Autos überfahrene und getötete Personen innerhalb von sechs Monaten; die Schuhe ohne das kleinste Stäubchen obwohl vom frühen Morgen bis Mitternacht unterwegs; 4 Millionen Lire an einem Sammeltag für die Krankenhäuser gespendet; und der »policeman«, jener »policeman«, der am Tag des Jüngsten Gerichts bestimmt berufen sein wird, mit einer Handbewegung die Auserwählten mit dem Monstrum an der Spitze nach rechts zu winken, nach links die von Tasio Gespenst[6] angeführten Verdammten.

Poker. Vor ein paar Abenden. »Après diner« bei Londonderry.[7] Das Monstrum in einem Sessel versunken, raucht, ein Bild von Corot betrachtend. Eintreffen des Hausherrn, mit Hosenbandorden auf dem Bauch: »Do you play poker, my dear Duke?« Das Monstrum hüllt sich in serpentaceische

Vorsicht: »So sorry Mylord, I have never been able to learn.« Später nähert es sich dem Tisch, setzt sich, schaut zu. Er sieht Spielmarken aus Perlmutt zirkulieren, hört monströse Überangebote, fragt schüchtern nach der Höhe des Mindesteinsatzes. »Only ten pounds, it's a family game.« Ungefähr 900 Lire.

Das Monstrum zieht sich zurück, widmet sich wieder der Betrachtung des Corot, meditiert über die Theorie des zunehmenden Elends. »Wir sind arm, arm werden wir sterben.«[8]

Intermezzo – Der »Daily Telegraph«. Klassische Beschreibung von Ostia, Pompei und Siracusa. Es ist von »Maestro Josephus Mulè«[9] die Rede. Ist doch schön, ein Termineser Stamm mit so viel aufgepfropftem Humanismus.

Das Monstrum ist jetzt müde. Es muss sich bald für den Lunch in der Botschaft umkleiden, wo es immer mit größten Ehren empfangen, das muss gesagt werden, und von Seiner Exzellenz bis zur Haustür begleitet wird. Das Monstrum glaubt, dass es heute Morgen beim Frühstück übertrieben hat und dass 4 Brötchen, 4 »toasts« (die gibt es nur hier) und ein Stück »cake«, plus Butter und Aprikosenmarmelade, plus 2 Tassen Milchkaffee, zu reichlich sind für seinen empfindlichen Magen. Das Monstrum hört daher auf zu schreiben.

Es will aber die edlen Herren Casimiro und Lucio warnen, dass, sollten sie nämlich eines Tages (den es baldigst hofft) beschließen, diese Gestade zu besuchen, es absolut zwecklos ist, dies ohne das Monstrum zu wagen, denn allein werden sie bestimmt Westminster, den London Tower und die

Museen sehen; von der Stadt jedoch und ihrer Seele werden sie, ohne das Monstrum, das den Schlüssel dazu besitzt, rein gar nichts verstehen.

Das »over-fed« Monstrum

Auf Briefpapier des »Hôtel Great Central, London, N.W.I«. Doppelbogen, vier Seiten. Das Datum ist, schräg, am linken Rand hinzugefügt.

‹York› 9. Juli 1927.

Das Monstrum setzt seine Pilgerreise durch »old England« fort. Eine von ihm selbst, mit dem gewohnten Scharfsinn, geplante Route führt ihn durch die ältesten Städte dieser ruhmreichen Insel. Es hat sorgfältig die großen Städte gemieden, die industriellen Höllen von Manchester, Birmingham, Liverpool und Sheffield, und es hat sich vor allem an die ehrwürdigen Sitze der Kathedralen, an die heiteren Städte der Gelehrsamkeit gehalten. Alles hat das herumschweifende Monstrum in diesen Tagen kennengelernt. In Cambridge ist es im »Red Lion« abgestiegen, das zweifellos Dickens zu den nächtlichen Missgeschicken des großen Pickwick[1] in den engen irreführenden labyrinthischen Gängen inspiriert hat. Am nächsten Tag suchte es sich ein »family Hôtel«, eine jener strengen und würdigen Einrichtungen, die eifersüchtig das moralische Patrimonium der viktorianischen Ära behüten: im Übrigen höchst entzückend, bis zum Unwahrscheinlichen stilisiert, mit einer ausgezeichneten Küche in einem aus einer Seite von Meredith oder Jane Austen herausgerissenen Speisesaal. Und seit gestern befindet es sich in einem riesigen auf einen Garten hinausgehenden Gasthof, wo es, zu unwahrscheinlichen mäßigen Preisen, in einem prunkvollen Zimmer logiert und sich ausgesuchte und seltene Speisen servieren lässt.

Dies sind jedoch Nebensächlichkeiten: Es hat drei Tage lang die unbeschreibliche Heiterkeit der englischen Landschaften durchstreift: Wiesen mit weidenden Herden, träge und fast über die Ufer tretende Flüsse, anmutige Hügel: buchstäblich Sir Philip Sidneys[2] Pastorale. Und was für Städte! Wie kam das Monstrum dazu, in einem geistesabwesenden Moment zu behaupten, die Schönheit der Kunst spiele in England eine untergeordnete Rolle? Voreiliges Urteil eines für gewöhnlich besonnenen Geistes, was sich nur mit seiner Unkenntnis des echten Englands und der Blendung durch die Weltstadt entschuldigen lässt.

Cambridge mit seinen Colleges aus dem dreizehnten Jahrhundert, geschlossene laizistische Klöster, reichst geschmückte Sitze ununterbrochener Gelehrtheit; Ely, tragisch, zerfallen, das die stolze Mutter des großen Oliver[3] hervorbrachte, Ely mit seiner trostlosen, endlosen Moorlandschaft unter dem bleiernen Himmel, doch von der göttlichen Kathedrale auf ihrem Felsen, streng und dennoch mütterliches Geschöpf des mittelalterlichen Glaubens, steigt ein Gebet empor, das nicht unerhört bleiben kann. Nie, verkündet das Monstrum, hat eine intensivere künstlerische Ergriffenheit von ihm Besitz ergriffen, weil es nie Landschaft und Kunstwerk in innigerem Einklang begegnet war und nie mit größerer Unmittelbarkeit in jenes ruhmreiche 12. Jahrhundert zurückkatapultiert wurde, welches das goldene Zeitalter der christlichen Zivilisation in der Welt war.

Vortreffliche Menschen, jene Normannen! Und hätte der HERR doch gewollt, uns einige Jahrhunderte ihrer entschlossenen Weisheit zu unterwerfen![4] Wenn man sich vorstellt, dass alle diese unvergleichlichen Kathedralen innerhalb der ersten zehn Jahre der Eroberung an der Stelle der alten Kirchen der Sachsen gebaut wurden! Wenn wir Moderne uns unseres »Schöpfungseifers« rühmen, kommen wir wohl jenen Heiligen und jenen Künstlern, die uns vom Himmel herab schauen, ziemlich lächerlich vor.

Und Lincoln! Auch dort beschützt die Kathedrale auf einem hochragenden Hügel die betriebsame Stadt, die sich zu ihren Füßen ausbreitet. Die Türme hochragend und harmonisch, die unglaubliche dekorative Fülle der schmückenden Details, die prächtigen Statuen der Könige, der Heiligen, der Engel und der Dämonen, machen sie zu einer der ehrwürdigsten Stätten der Christenheit. Yorks Lob zu singen ist überflüssig. Hauptstadt des römischen Britanniens, die Stadt der »pale and angry rose«[5] hält und übertrifft alles, was ihr illustrer Name verspricht. Auch hier dominiert der Dom alles, und auch nachts beherrscht seine riesige Masse den Horizont und heiligt ihn. Doch tags erstrahlt er, in seinen Glasfenstern, die seine unvergleichliche Herrlichkeit ausmachen; seit dem 12. Jahrhundert nahezu unversehrt, zweifellos durch ein eindeutiges Wunder dem bilderstürmenden Wüten von Cromwells Soldaten entgangen, erfüllen sie nach wie vor die Luft mit ihrem Zauber, und düster erscheint jegliches Licht, das nicht durch ihre überirdischen Farben gedrungen ist. Prächtig auch die mittelalterlichen Stadtmauern, in einem ununterbrochenen Ring angelegt, und alle Zinnen mit riesigen Beeten symbolischer, üppig blühender weißer Rosen geschmückt.

Jetzt versteht das Monstrum, warum England, von dem das gemeine Volk glaubt, es sei damit beschäftigt, Kohle zu verkaufen und Panzerkreuzer vom Stapel laufen zu lassen, die herausragendsten Lyriker der europäischen Literatur hervorgebracht hat. Und das Monstrum, römisch-katholisch und eine der Säulen der Kirche, weint beim Gedanken, dass dieses Land, in dem die christlichen Jahrhunderte so herausragende Monumente der Inbrunst errichteten, der väterlichen Autorität von Petri Nachfolger entglitt; es wurde im Übrigen künstlerisch bestraft, da, seit es sich aus der Herde entfernt hat, die Wunder von Ely, von Lincoln und von York durch ihren hl. Paulus aus Pappmaché ersetzt wurden. Im Übrigen muss gesagt werden, dass die Kirchen hervorragend unterhalten sind und dass die relative Strenge des anglikanischen Kultus mit der Strenge der Architektur gut übereinstimmt; und sie sind vor dem roten und türkischblauen »basinella«[6] verschont, mit dem unsere Gotteshäuser zu schmücken sich unser Klerus allzu oft bemüßigt sieht, ohne sich zu überlegen, dass weit noblere Künstler als die gemeinen Tapezierer bereits jene Wände zum unvergänglichen Lob des Schöpfers geschmückt haben.

Was nichts daran ändert, dass an dem Tag, da ein in Weihrauchschwaden und Gesänge gehüllter purpurner Kardinal auf dem Hauptalter von Ely oder Lincoln ein Pontifikalamt zelebrieren wird, dies selbst mit dem roten »basinella« ein großes Ereignis sein wird.

Doch, wie es bereits erwähnt hat, das Monstrum birgt neben dem Engel auch ein Schwein in sich; worauf es stolz ist. Und als Schwein würdigt es und schwelgt es in den fleischlichen Genüssen. Zuweilen ist es von der spartanischen Einfachheit der englischen Küche erschüttert. Doch öfter, wie heute zum Beispiel, trinkt es genüsslich dicke butterige Milch, die ihre Sahnespuren in der Tasse zurücklässt; oder dann packt es mit den Zähnen blutige »steaks«, die die Kraft ausgesuchter junger adeliger Stiere auf ihn übertragen; sei es beim Genießen eines Stücks echten weichen Brotes, das mit einer großen fingerdicken Scheibe rosigen Schinkens belegt ist, der von den heraldischen Lenden der illustren Yorkshire-Schweine stammt; oder dann, wenn es zum Abschluss einen gierigen Löffel in den Brunnen majestätischer onyxrosiger Chester- oder aquamaringrüner Stiltonkäse oder in durchscheinend bernsteinfarbenen Cheddar taucht. Da hier die Käse nicht prosaisch abgeschnitten werden, sondern die Laibe ganz aufgetragen werden, gräbt und wühlt und versucht der Laie (ich hätte beinahe der Liebhaber gesagt) mit dem Hornlöffel die pikanten Tiefen zu ergründen. Und die Kellner sind oft so leichtsinnig, die vielfarbenen Schätze unversehrt vor das Monstrum hinzustellen, und sie sperren, nachträglich, die Augen auf, wenn sie anstatt dreier Laibe zu je ungefähr zehn Kilogramm nur drei duftende, aber leere Muscheln vorfinden. »Bare ruined choirs...«[7] würde der Mann aus Stratford sagen.

Und dann die Tippfräuleins: anmutige, im Zug kennengelernte und, in Lincoln, im gleichen Hotel abgestiegene Geschöpfe, die das Monstrum am Abend die steil abwärts führenden Gassen von Lindum Colonia hinunter ins Kino ausführte. »En tout bien, en tout honneur«,[8] versteht sich. Doch wie auch immer, es ist angenehmer, im Kino ein Tippfräulein neben sich zu haben als den Dichter Lucien de Calenouvelle,[9] so typisch dessen weibliche Gesten sein mögen, zumindest nach dem, was die stets auf den Ruhm eifersüchtigen Lästerzungen sagen.

Morgen Abend, um 18.30, wird das Monstrum am Bahnhof Waverly in Edinburg (das Idinborò ausgesprochen wird) aussteigen. Besagtem Monstrum ist dieses unwahrscheinlich zerklüftet und dort oben inmitten der nördlichen Meere hingeworfene Schottland immer wie ein Art leicht gebändigtes Island vorgekommen. Und mit seinen Lamermoor und Lady Macbeth, mit seinen Hexen und seinen Maria Stuarda, mit seinen Seen und seinen Männern im Rock, ist es ihm immer als das Reich der Feen erschienen.

Mal sehen, ob das stimmt. Und hoffen wir, dass die adeligen Sitten der schottischen Gastfreundschaft überlebt haben, laut denen der Gast das Vorrecht hatte, nicht nur das Haus und die Tafel zu genießen, sondern auch die Gattin und die Töchter desjenigen, der ihm Gastrecht gewährte. Es stimmt, dass nach der Schandtat an König Duncan[10] die schottische Gastfreundschaft etwas gelitten hat. Und der einzige Ort, in dem solch angenehme Traditionen bewahrt werden, ist unstrittig Palermo (das Island des Südens), wo Galanti in der Villa Igea[11] die gastfreundliche Opferbereitschaft so weit treibt, den Reisenden (nicht etwa die Gattin), sondern sich selbst anzubieten.

Das Monstrum liest seinen Brief nochmals durch, es findet ihn schlecht geschrieben, jedoch von erhabener Inbrunst erfüllt, sei es für die gotischen Kirchen, sei es für den Käse, sei es für den Katholizismus oder auch für die Tippfräuleins. Und was zählt, ist die Inbrunst, sie rettete den sündigen Faust, sie wird, so hoffen wir,

    das Monstrum von Kaledonien retten

Die Adresse ist immer noch »Great Central Hôtel«; Marylebone Road, London N.W.1. Ihr solltet ihm eine Ansichtskarte mit dem palermischen Dom schicken; und auf der

Rückseite schreiben, welches die ihm ähnlichste englische Kathedrale ist.

Whitby oder Winchester?

Auf Briefpapier des »Royal Station Hotel. York«. Fünf nummerierte Bogen, zehn beschriebene Seiten.

Die Nachschrift wurde auf der Vorderseite von Blatt 5 über dem Briefkopf des Hotels hinzugefügt.

York – 13. Juli – 1927.

Liebster Casimiro,

das Monstrum befindet sich ein weiteres Mal in York! Da König Georg ein erlauchtes Gelüst überkam, zehn Tage in Edinburg zu residieren und dort Hof zu halten, sind besagte Stadt und alle umliegenden Städte mit dem elegantesten und platzraubendsten Publikum überfüllt, und das arme Monstrum musste nach zwei Tagen Aufenthalt in jener wunderbaren Stadt die Zelte abbrechen, eine automobilistische Rundreise durch die Seen und Berge Schottlands unternehmen, und nach einer Eisenbahnfahrt, in der seine Gaben eines äußerst gewieften Fahrplanexperten erglänzten, ist es nach York zurückgekehrt, dessen gotische Glasmalereien, dessen vorzügliche Schinken, dessen Sahne und dessen Käse anscheinend eine besonders wohltuende Wirkung auf die zarte physische Konstitution besagten Monstrums haben.

Es wird sich das Monstrum nicht in Schilderungen Edinburgs und der schottischen Landschaft verbreiten: Solches wäre langweilig, also spart es dies für die langen Winterabende auf, während deren es nichts Besseres zu tun haben wird. Es will jedoch festhalten, dass es zwar hinsichtlich der

Faszination der schottischen Berge skeptisch war, dass es aber seine Meinung ändern musste, da sich die Natur jener, wenn auch nicht sehr hochgelegenen Orte, von jeglicher anderen Landschaft unterscheidet; und dass besonders die Farbigkeit durch das Tiefrot des Heidelands, die unzähligen Brauntöne, das sanfte Grün der Tannen, das Ganze oft in der eisigen Transparenz der Seen verschwommen gespiegelt, wirklich großartig ist; und man sieht, dass sich die Natur eifrig bemüht hat und dass es ihr meisterhaft gelungen ist, die Bilder der berühmten englischen und schottischen Landschaftsmaler nachzuahmen.

Gerade als es Edinburg verlassen wollte, wurden dem Monstrum deine aus London nachgesandten Briefe ausgehändigt und auch die von Lucio und der Umschlag mit den Fotografien.[1] Der Briefumschlag war zerrissen und enthielt nur vier Bilder; ich hoffe, es sind keine verloren gegangen. Ninuzzos[2] Irrtum hat keinerlei Folgen gehabt: die mit Strafporto versehenen Briefe sind die einzigen, die unfehlbar beim Empfänger ankommen; doch selbst die fragilen Finanzen des Monstrums wurden nicht erschüttert, weil das Strafporto vom Hotel in London bezahlt wurde, und für die englischen Hotels ist es Pflicht und Ehrensache, solche Lappalien nie auf die Rechnung zu setzen, weil sie zu Lasten der Bilanz des Hotelbesitzers gehen, der breitschultrig genug ist, um solches und viel anderes mehr zu tragen.

Vorläufig ruhen die Fotografien zuunterst im Koffer des Monstrums in ausgezeichneter Gesellschaft mit einem Schottland-Führer, einem Buch von Chesterton und ein paar Tafeln einer ganz besonders köstlichen Edinburger Schokolade, von der einen reichlichen Vorrat einzukaufen das Monstrum als unentbehrlich und angenehm erachtete.

(Nebenbei sei bemerkt, dass die Edinburger Konditoreien besonders beeindruckend sind und dass es dort eine sehr bekömmliche »Waverly Tart« gibt – aus »pâte brisée«, Frischkäse, Marzipan, kandierten Aprikosenscheiben und Weinbeeren –, die des höchsten Lobes würdig ist.)

Wenn das Monstrum nach London zurückkehren wird, und dies in ungefähr einer Woche, wird es sich beeilen, die Fotografien Sir Frederick Kenyon[3] vorzulegen, der nicht nur »trustee« ist, also Treuhänder des Wallace und Direktor der Abteilung für französische Antiquitäten im Kensington, sondern auch ein höchst kultivierter Gentleman mit feinen Manieren und vortrefflich geschnittenen Anzügen. Das Monstrum wird die Ermittlungen mit dem gewohnten Scharfsinn, mit Geduld und Diplomatie durchführen. Und das wird ihm umso angenehmer sein, als es dieses Jahr noch nicht im Wallace war, das sich im Übrigen zwei Schritte von seinem Hotel entfernt befindet (zwei Londoner Schritte: 20 Minuten). Das Monstrum möchte wissen, ob es, sollte es darum gebeten werden, die Fotografien überlassen kann. Dies betreffend möchte es umgehende Antwort (Hôtel Great Central, Marylebone Road London N. W.)

Was die »pupi«[4] angeht, wird es, in London, sein Möglichstes tun. Sie sind halb lebensgroß und kommen (dem Laien) tadellos gelenkig vor, waren sie doch in einem Schaufenster so ausgestellt, als würden sie ein Fußballspiel austragen mit allen verrenkten Stellungen, aus denen dieses Spiel besteht. Wenn du mir Namen von Firmen schickst, die du bestimmt besitzt, wäre es einfacher.

Ich hatte vergessen zu schreiben, dass das Monstrum in Lincoln das Glück hatte, im Hof der Kathedrale, eine Skulptur zu entdecken, die Ma-Jongg[5] darstellt, den die Lincolner mit genialer Intuition »Stinkie«[6] nennen, was stinkender Widerling bedeutet. Er dient als Dekoration und symbolisiert ich weiß nicht mehr was für einen gruseligen Dämon oder eine widernatürliche Sünde. Die Ähnlichkeit war so groß, dass das Monstrum sofort Kloake oder Modder roch, und es wollte bereits die unschuldige Gemeindeverwaltung von Lincoln dafür verantwortlich machen, als ihm bewusst wurde, dass es sich um eine Autosuggestion handelte und dass auch seine Nase an dem teilhaben wollte, was seine Augen erkannt hatten. Das Monstrum besitzt Ansichtskarte. Es ist ein seltsamer Zufall, dass dein Brief, aus dem hervorgeht, dass du dich intensiv mit den gotischen Glasfenstern beschäftigst, das Monstrum ausgerechnet hier in York erreicht, wo es im Dom tatsächlich einige der ältesten und berühmtesten Glasfenster der Welt gibt. Und in diesem gleichen Dom wurden überdies ein paar alte Könige gekrönt, und daher war er vielleicht die ideale Kulisse für die plumpen Abenteuer deines Königleins. Deine Idee erscheint mir vom malerischen Standpunkt aus sehr gefällig und geeignet, die Unschicklichkeit des Gegenstands zu mildern; doch von einem prosaischen realistischen Standpunkt aus ist sie nicht anwendbar, weil diese alten Glasfenster, natürlich, für das Licht durchsichtig, sonst aber »matt« sind; und wenn man von innen nicht nach außen sehen kann, stelle ich mir vor, dass es, in Anbetracht des spärlichen Lichts in der Kirche, noch schwieriger sein wird, von außen nach innen zu sehen. Jedenfalls ist dies nicht von Belang. Ich schicke dir ein paar Ansichtskarten, die dir vielleicht helfen werden, die Umgebung für die Komposition zu finden.[7] Hätte ich früher gewusst, dass du noch am ersten Märchen bist, hätte ich dir aus Lincoln, wo es eine riesige Sammlung gibt, ein paar

Fotografien von authentischen ornamentalen gotischen Motiven geschickt, die dir für den Rahmen hätten nützlich sein können.

Die angelegten Ansichtskarten sind nicht besonders schön: und die farbige vermag den Zauber jenes Fensters der »Five sisters«, des schönsten des Doms, nur unvollständig wiederzugeben. Die Beste ist vielleicht jene mit dem Kreuzgewölbe und seinen wunderbaren Bündelpfeilern und den riesig hohen Bogen.

Lucio schreibt mir einen Brief voller schlüpfriger Anspielungen: Ich glaube, er wünscht sich eine Antwort in Reimen,[8] die er demnächst erhalten wird. Inzwischen kannst du ihm sagen, dass ich gestern Abend viel an ihn gedacht habe, als ich durch Glasgow fuhr und im Reiseführer las, dass es in jenem riesigen Hafen 173 000 in der Gewerkschaft eingeschriebene Dockarbeiter gibt, eine Arbeiterkategorie, die, wegen ihrer vermuteten Muskelkraft, vom »chevalier de Calenouvelle«[9] schon immer bevorzugt wurde.

Ich hoffe übermorgen nach Liverpool weiterzureisen (auch dort soll es viele Dockarbeiter geben!), wo ich nur einen Tag bleiben werde aber wo es eine der schönsten Galerien des Königreichs für alte und moderne Malerei gibt.

Dann reise ich nach Chester, Birmingham, Stratford-on-Avon, Oxford weiter und schließlich nach London zurück.

Das Monstrum dankt für den langen und erfreulichen Brief, und vor allem wenn es sich vorstellt, wie viel Zeit du der Korrespondenz zu widmen gedenkst (zumindest der an die männliche Hälfte der Menschheit gerichteten); es wünscht dir, dass du ernsthaft zunimmst, und verbleibt grüßend

                        das wohlgenährte Monstrum.

Die Ansichtskarten passen nicht in den Umschlag und werden an anderer Stelle geschickt.

Auf Briefpapier des »Royal Station Hotel. York«. Vier Bogen, acht Seiten. Das Postskriptum ist, schräg, auf das Verso des vierten Blattes gesetzt.
 Dieser Brief gehört nicht zum Fundus der Biblioteca di via Senato in Mailand, sondern befindet sich im Archiv der Fondazione Piccolo di Calanovella in Capo d'Orlando. Der mit einer Fotokopie verglichene Brief wird hier mit den wieder eingefügten Kürzungen vorgestellt, und die Errata in der [italienischen] Transkription wurden entsprechend korrigiert.

Brief VI

‹London› 20. Juli 1927.

Das Monstrum hat geschrieben.

Mit angenehmer, jedoch nicht geringer Mühe und mitunter seine Handlungsfreiheit einschränkend, immer mit Opfern aus seiner bescheidenen Geldbörse, hat das Monstrum unbeirrt weiter geschrieben. Es hat die Schätze seiner Weisheit, seiner Kultur verschwenderisch ausgegossen, hat alle Facetten seiner polyedrischen Persönlichkeit zum Strahlen gebracht. Und dies ungeachtet der Peripetien einer Erkundung unbekannter düsterer Ufer, ungeachtet der hundert Heimtücken des unsteten Klimas, der Gepäckträger, der Eisenbahner und der Gastwirte, denen der hilflose Reisende ausgeliefert ist.

Das Monstrum hat geschrieben.

Und ihr, Schweinehunde, obschon von allen Annehmlichkeiten eines epikureischen Lebens umgeben, ihr, die ihr euch der mächtigsten Sonne Europas erfreut, ihr, die ihr keine andere Beschäftigung habt als, der eine[1], zu versuchen die italienische Sprache zu erlernen, deren er unkundig ist, der andere[2] Oscar Wildes Märchen zu kastrieren und züchttige Bilder daraus zu machen, um sie jungen Knaben zu zeigen ausgerechnet in dem Alter, in dem sie die kunstvollsten Schöpfungen des unter vielerlei Aspekten berühmten Dichters zu verwirklichen pflegen, ihr, sage ich euch, habt es auch nicht eine Sekunde verstanden, euren Geist von der täglichen Profanierung der Künste zu lösen, um dem Monstrum zu antworten, dem armen, fernen, einsamen, in der Fremde herumirrenden Monstrum zu schreiben.

Ich wiederhole, Schweinehunde.

Das erschöpfte Monstrum hat nun in London einen vorläufigen Trost gefunden, Ort, den es immer als erholsam und beruhigend empfunden hat: Es freut sich über die schöne hinter ihm liegende Reise, auf der es viele wunderbare Dinge gesehen und seinen Erfahrungs- und Wissensschatz sehr erweitert hat. Es wird an gebührender Stelle die Fotografien vorlegen, doch es wird keinen Bericht schicken, bevor es nicht Nachrichten von euch erhalten hat.

Und jetzt geht das Monstrum zu Bett; es verfügt über ein riesiges Bett in dem es, obwohl jung und feurig, allein ruht.

Das Gekränkte Monstrum

Auf Briefpapier des »Hôtel Great Central, London. N.W.I.« Ein Doppelbogen, drei Seiten. In der Leerzeile zwischen dem Namen des Hotels und der Ortsbezeichnung ist »Marylebone Road« hinzugefügt.

Brief VII

‹London› 24. Juli 1927.

Das Monstrum nimmt einen monumentalen Brief in Angriff.

Gestern Abend hat besagtes Monstrum einen an attischem Salz[1] und wertvollen Informationen reichen Brief von dir erhalten, der gerade im richtigen Moment eingetroffen ist, weil er die Fragen um die Fotografien des Service klärt. Das Monstrum besitzt also: 1) das Firmenzeichen 2) das Tablett 3) eine Tasse 4) eine Untertasse 5) den Kaffeekrug; und hatte geglaubt, dies sei das komplette Service, hat nun aber erfahren, dass es auch den Milchkrug und die Zuckerdose gibt (abgesehen, natürlich, von einer zweiten Tasse). Also legte das Porzellanmonstrum heute Morgen, Samstag, wieder seine prächtigsten Kleider an, versah sich mit den (dank seiner umsichtigen Sorgfalt in ein neues schickliches Kuvert gesteckten) Fotografien und machte sich »gemächlichen Fußes« in der strahlenden Morgensonne zur Wallace Collection auf den Weg. Es ging ein Stück weit die Marylebone entlang, bog nach rechts in Richtung Baker Street ab, die es fast ganz hinunterging, wartete lange respektvoll auf die wohlwollenden Befehle des »policeman« und auf die gebieterischen des Überlebensinstinkts, bog dann in ein namenloses

London, Straßenansicht um 1930

Gässchen ein, das ihn zum Manchester Square führte; dort umrundete es den dicht mit Lindenbäumen bestandenen Stadtpark und befand sich vor der kleinen Villa, in der das Museum untergebracht ist. Es schritt die fünf Stufen hinauf und, nachdem es Hut und Stock in der Garderobe abgegeben hatte, erkundigte sich bei einem wohlgenährten Pförtner ob Sir Frederick Kenyon sich in seinem Büro befinde. So erfuhr es, dass jener gelehrte Mann zur Zeit damit beschäftigt sei, Polen zu bereisen, es sei aber ein anderer Herr (unverständlicher Name) im Hause, der ihn vertrete. Das stoische Monstrum zog eine Visitenkarte aus seiner Brieftasche und ersuchte den Informanten, sie dem zeitweiligen Herrn des Hauses zu überbringen. Worauf es sich nach ein paar Minuten einem der entzückendsten englischen alten Herren gegenüber sah, mit einem Gesicht in der Farbe von alten Tonziegeln, buschigen Brauen über zwei kindlichen Augen, ausstaffiert mit einem langen schneeigen Walroßschnauzer; das Ganze wunderbar geschniegelt und nach Pears Seife duftend. Er war in prächtiges grau-bunt-meliertes schweres Tuch gekleidet, das in bequeme breite Bundfalten gelegt war, und auf den glänzend polierten schwarzen Schuhen strahlten die weißen Gamaschen in jungfräulicher Pracht. Eine rot und gelb »panaschierte« Rose heiterte das Knopfloch auf, während der Schlips, in dezenteren Nüancen, sich der Farbpalette des Anzugs anglich. Dieser Charon des französischen siebzehnten Jahrhunderts stand aufrecht hinter einem großen Schreibtisch in grässlichem, aber kunstvollem Boulle, und sein Kopf war lieblich von einer Aubusson-Tapisserie umrahmt; die Seidenvorhänge dämpften das subtil grünliche Licht der Bäume draußen; in der Ferne brüllte die pausenlose Furie von Londons Straßen.

Mitnichten eingeschüchtert von solch nobler Erscheinung, ergriff das Monstrum in wohlklingendem Elisabethanisch das Wort: »Mein Herr«, sagte es, »nie hätte ich es gewagt, die, gewiss kostbare, Zeit eines ›gentleman‹ zu missbrauchen, den zu kennen ich nicht die Ehre hatte, wenn meine persönliche Bekanntschaft mit Sir Frederick und seine an mich gerichtete Einladung, ihn hier zu besuchen, mir nicht eine, vielleicht maßlose, Kühnheit eingeflößt hätten.«

Wohlwollend lächelte der alte Herr: »Sir Fredericks Freunde sind auch meine Freunde; bitte sagen Sie, worin ich Ihnen behilflich sein kann.« Und mit diesen Worten hielt es dem Monstrum, mit ausgesuchtester Höflichkeit, eine Zigarettenschachtel hin und forderte es zum Sitzen auf; und das delikate Hinterteil des Monstrums postierte sich auf die abgeblasste »Savonerie«[2] eines Sessels von zweifelsfreier Echtheit. Nachdem es die Zigarette angesteckt hatte, zog das Monstrum die Fotografien hervor und erklärte, dass diese ein Sèvres-Service im Besitz eines seiner Freunde darstellten und dass, außer den abgelichteten Gegenständen, auch die zweite Tasse, der Milchkrug und die Zuckerdose dazu gehörten, das Ganze sei in einem wunderbaren und einmaligen Zustand, wovon er sich übrigens anhand der Fotografien selbst überzeugen könne; und fügte hinzu, dass der Besitzer sich freuen würde, aus dem Munde einer höchsten Autorität wie der Leitung des Wallace den eigentlichen Wert des Service zu erfahren. Angesichts der Umgebung hielt das Monstrum jeglichen Kommentar zur Marke und sonstige ergänzende Erklärungen für überflüssig, ja für unhöflich, Kommentare und Erklärungen, die der elegante Herr gleich selbst mit genau deinen Worten hinzufügte. Beim Anblick der Reproduktionen leuchtete Sammlerglut in den Augen des adeligen Greises auf, und er prüfte sie lange stumm und das Schweigen wurde nur von unterdrückten zustimmenden Seufzern unterbrochen. Anschließend sagte er, es handle sich ganz eindeutig um Sèvres und aus der besten Epoche und soweit er es beurteilen könne, in einem ausgezeichneten Zustand; er gab die bekannten Erklärungen zur Marke ab und stand, von plötzlichem Eifer gepackt, auf, und er forderte mit den Fotografien in der Hand das Monstrum auf, ihm zu folgen. Sie eilten durch mehrere Korridore und ein paar Treppen hinauf und betraten einen Saal, der für das Publikum nicht zugänglich war, wo sich ein paar Stücke aus der Sammlung befinden, die einer Reinigung unterzogen werden oder für besondere fachmännische Studien vorgesehen sind. Hier wurde nun dem Monstrum ein Kaffee-Service von der gleichen Marke, mit der genau gleichen Anzahl Teile gezeigt, das sich nur durch das Dekorationssujet unterscheidet; und der alte Herr sagte, dies sei eines der schönsten Stücke der Sammlung, ein Geschenk von Marschall Richelieu an eine seiner unzähligen Freundinnen, und das Museum besitze den ganzen »pedigree«, also den minuziösesten Brief, mit dem jener das Service bei der Manufaktur bestellt hatte, den Brief, mit dem der Marschall das Geschenk begleitet hatte, und zu guter Letzt die quittierte Rechnung; Einzelheiten die, sei es wegen der Berühmtheit der damit in Zusammenhang stehenden Personen, sei es wegen der vorhandenen Atteste, offenbar den Wert der Gegenstände wesentlich heraufzusetzen[3] scheinen; der alte Herr fragte dann, ob (sagen wir es einmal so) mein Service etwas Ähnliches besitze; worauf das Monstrum antwortete, es habe sagen hören, dass Dokumente vorlägen, doch es sei nicht in der Lage Genaueres darüber zu sagen; und es fragte, ob er ihm etwas über den Wert des besagten Service sagen könne. Darauf antwortete er, dies sei anhand einer einfachen Fotografie ziemlich schwierig; was die Reproduktionen angehe, könne er nur die Epoche und den ausgezeichneten Zustand beurteilen, während der Verkaufswert von verschiedenen zusätzlichen Faktoren abhänge, von der Farbe und der Bedeutung und der Herkunft zum Beispiel, die er nicht beurteilen könne. Und er führte mich in einen anderen Saal, wo er eine Vitrine öffnen ließ, und er zeigte mir, vor den erstaunten Besuchern, zwei große identische Sèvres-Vasen und forderte mich auf, sie in die Hand zu nehmen und zu betasten. Das entsetzte Monstrum (sich Fulcos Missgeschick in Erinnerung rufend)[4] gehorchte, und der gelehrte Mentor machte es darauf aufmerksam, wie bei einer das Goldgitternetz und die Figuren unter den Fingerspitzen spürbarer seien als bei der anderen (ein minimaler Unterschied, offenbar, da dem Monstrum beide gleich glatt erschienen) und erklärte, dass von diesen Vasen, obwohl aus einer Serie und, wahrscheinlich, am gleichen Tag hergestellt, die eine den doppelten Wert der anderen erreichen würde, sollten sie einzeln verkauft werden. Was die Farbe angeht, zeigte er dann verschiedene Stücke und erläuterte, warum bei einigen die Leuchtkraft der Farben den Wert steigerte, während sie ihn bei anderen minderte. Und er erging sich in weitschweifigen gelehrten Ausführungen, die das Monstrum zwar von seiner großen Fachkenntnis überzeugten, ihm aber auch die Komplexität der Sèvrologie vor Augen führten und ihm spontan die Abgründe von Masnatas Wahnsinn eröffneten, der mit den berühmten Londoner Antiquaren verhandeln will.

Das Monstrum führte dann aber den alten Herrn auf den rechten und interessanten Weg des Preises zurück und nötigte ihn zu sagen, dass, selbst wenn *(angenommen)* die Fotografien das unzulänglichste Sèvres-Erzeugnis des betreffenden Jahrgangs zeigten, *der Wert des Service* (2 Tassen mit Untertasse, Tablett und Kaffeekanne, Milchkrug und Zuckerdose) *keinesfalls* (bei bestätigter Authentizität) *unter 600 Pfund Sterling* (55 000 zum heutigen Tageskurs) *läge*; dass, wenn man aber alle wichtigen Angaben fände, Farbe, Vollkommenheit der Figuren und Dokumente, der Wert steigen und gut und gern das Vierfache erreichen könne, *220 000* also. Dies, betonte er, sei eine rein freundschaftliche und persönliche Schätzung, weil anhand von Fotografien eine seriöse Schätzung nicht möglich sei. Und dies, fügte er hinzu, sei der angenommene *reale* Wert, also das, was der Gegenstand an sich oder auf einer Sammleraktion wert sei, da sich der Preis von jedwedem den Händlern *angebotenen* oder verkauften Gegenstand verringert; und der Wert *im Moment*, weil in diesem Geschäft die Preise je nach dem Angebot auf den Märkten sehr fluktuieren. Fügte dann hinzu, das Wallace, da es eine fast vollständige Sèvres-Sammlung besitze, kaufe seit langem keines mehr; ja dass es nichts kaufe, abgesehen von ein paar Bildern. Das Monstrum fragt dann, ob es sich vielleicht lohne zu Christie's zu gehen (dem großen Auktionshaus) um eine zweite Schätzung vornehmen zu lassen: Er sagte, dies sei zwecklos; dass kein Händler aufgrund von Fotografien verbindliche Schätzungen abgeben würde; er gab zu verstehen, dass er der beste Experte sei und dass alles, was ich erhoffen könne, diese freundschaftliche und in keiner Weise verpflichtende Schätzung vonseiten einer nicht auf den Vorteil bedachten Person sei; und er warnte mich, ich solle aufpassen, denn wenn ich für Schätzungen zu Antiquaren ginge, würde Folgendes passieren: Sie würden sich vor allem nicht zu Fotografien äußern; doch selbst auch wenn sie sich äußerten, wenn ich erklärte *nicht* verkaufen zu wollen, würden sie übertrieben hoch schätzen und einem dann die Rechnung für die Schätzung nach Hause schicken, und zwar in Höhe eines Prozentsatzes des geschätzten Wertes, eine hohe und lästig zu bezahlende Rechnung, weil überflüssig und auf einem vorgetäuschten Wert beruhend; oder wenn ihnen klar sei, dass man verkaufen wolle, würden sie die Preise herabmindern. Abschließend stellte er fest: So weit man anhand der Fotografien beurteilen kann, liegt der Preis innerhalb der erwähnten Grenzen; die Schätzung ist voll und ganz persönlich und darf auf keinen Fall als Präzedenz oder Bezugsgröße dienen da, streng genommen, eine öffentliche Galerie keine Schätzungen von Wertgegenständen vornehmen darf; sie soll nur eurem Freund dazu dienen, die *Limiten* des Werts seines Objekts zu kennen und sich nicht übers Ohr hauen zu lassen; wenn er es nicht verkaufen wolle, genüge ihm dies; wolle er es jedoch verkaufen, solle er die Gegenstände gut einpacken und sie Sachverständigen zeigen, von denen es übrigens in Italien zahlreiche und ebenso vertrauenswürdige gebe; zum Beispiel, sagte er, bei Poldi-Pezzoli in Mailand und in der Floridiana[5] in Neapel; abgesehen natürlich von der höchstem Autorität auf diesem Gebiet, nämlich der Direktion der heutigen Manufaktur in Sèvres; dies um im Rahmen der öffentlichen Sammlungen zu bleiben. Er empfahl die Berufsantiquare ja zu meiden, die entweder unter dem Wert schätzen oder (aus guten Gründen) übertriebene Hoffnungen wecken. Worauf der liebenswürdige Greis in Missachtung der Museumsordnungen überall auf der Welt eine Zigarette ansteckte, und er führte mich zu anderen sehr schönen Dingen und hielt mir andere höchst gelehrte Vorträge, die nichts mit eurem Service zu tun haben. Sodass nun das Monstrum seinen Auftrag erfüllt hat; die Fotografien stehen zu eurer Verfügung; falls ihr andere Nachforschungen anstellen wollt; und hofft in seinem Bericht klar und eloquent gewesen zu sein. Das Monstrum möchte jetzt den Bericht des letzten Abschnitts seiner Reise wieder aufnehmen und zu Ende führen. Es muss aber zuerst zwei persönliche Angelegenheiten erledigen. Die erste und ernstere mit Lucio Grammatica (er ist das würdige männliche Gegenstück zu Emma Grammatica.[6]) Das Monstrum ist Opfer einer ständigen Verleumdungskampagne seitens des Genannten; und darüber beschwert es sich bitterlich. Es fürchtet sich nicht etwa: Denn vor den gemeinen und niederträchtigen Verleumdungen erhebt sich das Monument (das kann es füglich sagen) seines unerschrockenen und ganz der leidenschaftlichen Suche nach dem Wahren gewidmeten Lebens. Es beschwert sich aber darüber, dass seine Bemühungen um moralische Bußfertigkeit eines der größten Sünder verkannt werden; wovon eine Schmähschrift zeugt, die besagtes Monstrum hier bei einem Trödler entdeckt hat, 1601 gedruckt und mit dem Titel:

»Lives and deeds of notorious pederasts
being a most faithful account of the base lusts
of scundrie gentlemen of name;
and containing a most accurate tale of the foul loves
of Faulkes, duke of Vegetables, and Lucius of Newport[7]
His acknowledged master-mistress.«

Printed, by permission, in the City of London,
By Ronald Jehan, Lincoln's Inns.
MDCI

Und wenn das Monstrum das Möglichste tut, damit der seit Jahrhunderten dauernde Skandal, von dem auch Saint-Simon in unsterblichen Seiten sprach[8], ein für alle Mal aufhört, wird es mit Vorwürfen, Beschimpfungen und Drohungen überschüttet.

Von nun an wird es schweigen, und jeder schmore im eigenen Saft.

Zweite persönliche Angelegenheit: die Glasfenster. Gegenüber der abstrusen Erklärung gibt sich das Monstrum geschlagen. Es kann sich, jedoch, nicht verkneifen darauf hinzuweisen, dass man mit diesem Vorgehen eines Tages ein Gedicht wird schreiben können, in dem Ma-Jonggs Atemgeruch mit dem Duft der persischen Rose verglichen wird, das Odeur seiner Achselhöhlen mit dem der Myrrhe, und sein Fußschweiß in betäubenden Sandalenbalsam verwandelt wird. Mit dem Wunder lässt sich alles bewerkstelligen, auch dies; obschon nach dem der stillstehenden Sonne, dieses bestimmt das Aufsehen erregendste von allen wäre. Andere Dinge könnte es erwähnen, doch es will nicht in den Ruf eines Pedanten kommen (oder ihn verstärken) und enthält sich, im Übrigen sicher, dass das Aquarell äußerst lieblich und entsprechend sein wird.

Nach Liverpool also, begab sich das Monstrum nach Chester, wo es einen Tag mit großem Entzücken durch die Straßen jener so anmutig und so schön gelegenen Stadt spazierte, die ein echtes Juwel ist und die kein Besucher Englands auf seiner Reiseroute auslassen sollte.

Anschließend, Stratford-on-Avon. Am meisten beeindruckt war es vom grenzenlosen Liebreiz der Landschaft, würdige Quelle so edler Verse; es hat im Mondschein die

Wälder durchstreift, die den Hochwasser führenden, aber dennoch ruhigen Fluss säumen, und es wäre nicht erstaunt gewesen, neckische Trolle, muntere Kobolde wie Puck,[9] oder liebreizende Jägerinnen wie die unsterbliche Rosalinde auftauchen zu sehen. Nichts von alledem sah es: jedoch silbernen Widerschein auf den Wassern, das Rascheln von Eichhörnchen in den Wipfeln, das ferne Gemeckere der Herden; die unsterbliche shakespear'sche Pastorale ist hier entstanden, und man sieht es; und weit abseits des Dorfes, in einem verborgenen Schlupfwinkel, sah es auch ein Liebespaar, das die äußersten Liebesrituale vollzog; und es entrüstete sich nicht etwa und sagte sich, dass dies die wohlwollende Billigung des großen William[10] gefunden hätte, der weise wie alle echten edlen heiteren Geister bereit ist, menschliche Schwächen zu verzeihen. Auch das Dörfchen ist hübsch mit seinen elisabethanischen Häusern und darunter jenes New-Place, wo der Dichter von dieser Erde schied[11], deren Antlitz er verwandelt hatte. Viel Friede, viel Heiterkeit und viel Licht. Wie verschieden ist doch dies alles vom tragischen Ravenna, wo der andere und einzige brüderliche Geist Ruhe fand.[12] Das Grab ziemlich hässlich aber berührend; die Kirche hingegen, in der es sich befindet, schlechthin herrlich, normannisch, stolz am Ufer des sanften Flusses, und davor im Schatten der uralten Bäume der erstrebenswertesten Friedhof, von purpurnen Wildrosen überwuchert, die sich um die endgültigen Kreuze winden.

Das Monstrum stieg im, erlesen im elisabethanischen Stil eingerichteten, Shakespeare Hôtel ab; ein wahres Wunder an Atmosphäre; die Zimmer haben keine Nummern, sondern Namen von Personen aus den Bühnenwerken; und dem Monstrum wurde der »Falstaff-room« zugewiesen, worüber es sich wegen der grandiosen Vorbedeutung und der eindeutig schmeichelnden Absicht des Gastwirts freute.

Dann, Oxford. Es ist dies eine der seltenen Städte, wie Vicenza die Unvergleichliche, und Siena, in der *alles* schön ist. Weder kann das Monstrum das immense von ihm empfundene Vergnügen beschreiben, zwischen den noblen Gebäuden aus amberfarbnem Stein zu flanieren und auf Schritt und Tritt Höfe, Gärten, Spitzsäulen und Fassaden voller anmutiger Kraft und ehrwürdigem Wissen zu entdecken, noch wundert sich das Monstrum darüber, dass aus einer solchen Umgebung, aus Oxford und aus Cambridge, »gentlemen« hervorgehen.

Nach zwei mit größtem Entzücken in Oxford verbrachten Tagen und (es muss gesagt werden) im Randolph Hôtel luxuriös logiert und genährt, tauchte das Monstrum um 7 Uhr abends wieder, glückselig, in London ein wie ein Wal in den Ozean. Und um 8 tauchte es wieder aus seinem Hotel auf, gesäubert, glänzend und gebügelt, in einem sauberen, ja tadellosen »frack«, und ging ins Ritz essen, ein Luxus, den es sich hin und wieder gönnt, liebt es doch das seltene Schauspiel und den Anblick der bloßen weiblichen Schultern im gedämpften Licht.

Kinematographen. In diesem Jahr hat das Monstrum neue Kinosäle entdeckt, diesmal sehr große und luxuriöse. Außergewöhnliche Films[13] keine; jedoch ein paar leichte und sehr unterhaltsame Lustspielchen: Es empfiehlt, gegebenenfalls, die Films mit dem Schauspieler Monte Blue[14], einen sehr netten (in der Art der berühmten *Midnight Rounders*)[15] mit dem Titel »You'd never believe it«[16], und vor allem einen jenes Komikers Douglas McLean[17] (den wir nur einmal gesehen haben und der uns gefiel) mit dem Titel *Hold that*

Lion[18], ich weiß nicht, wie sie das übersetzen werden; doch wenn ihr angekündigte Films mit Douglas McLean in Zusammenhang mit Löwen seht, geht hin, denn er ist wirklich amüsant.

Das Monstrum dankt dem Gaffiers[19] und grüßt; im Übrigen hatte es ihm persönlich geschrieben. Es treibt jedoch seine Ergebenheit nicht so weit und verlobt sich, um ihm einen Gefallen zu erweisen und ihm Anlass zu geben, seine Ernennung zum Berichterstatter in Palermo zu rechtfertigen, eine Ernennung, die auf große Verschwendung seitens der Zeitungsdirektion hinweist.

Das Monstrum wird sich um die pupi kümmern; und um die Adresse der Antiquitätenhändler – das Monstrum würde sich über Nachrichten freuen, das Monstrum ist müde und grüßt –.

> Das Monstrum mit dem
> Monogramm auf dem Hinterteil.

Sieben linierte Bogen, dreizehn nummerierte Seiten. Oben rechts, auf dem *Rekto* des ersten Blattes: von Hand mit der Füllfeder geschriebene Adresse: »Great Central Hôtel Marylebone Road. / London. N.W.I«.

Brief VIII

‹London› 25. Juli 1927.

Das unermüdliche Monstrum meldet neue Entwicklungen in Sachen Service.

Gestern Morgen (Sonntag) ruhte das träge Monstrum, um 9, noch in seinem breiten Lager, damit beschäftigt circa einen Liter Milch, 6 Brötchen, 4 »Toasts«, 4 Scheiben »cake« und ein paar Marmeladetöpfchen zu konsumieren, unentbehrlicher Ballast für sein tägliches Navigieren. Als das, auf seinem Nachttisch thronende, Telefon klingelte. Es wurde gefragt, ob es der »Diuca« di Palma sei, was es bejahte, und am anderen Ende sagte man, die Wallace Collection sei am Apparat; man erklärte, Mr Albert Clay (offensichtlich der adelige Greis vom Tag zuvor) habe Anweisung gegeben, mich anzurufen und mir mitzuteilen, er hätte gern die Fotografien gehabt, die ich ihm gezeigt hatte, *nur die der Tassen und der Untertassen*, weil er den Sonntag nutzen wollte, um sie mit gewissen seiner Bücher zu vergleichen und einem Freund zu zeigen. Ich solle also die Fotografien in ein Kuvert stecken, sie zu meinem Concierge hinunterschicken, und ein Bote des Museums würde sie abholen und sie ans Domizil von besagtem Herrn Clay bringen.

Nachdem diese Anweisung fertig vorgelesen worden war,

fragten sie, ob und wann sie den Boten schicken könnten. Das Monstrum antwortete: »Sofort«. Und als *alle* Fotografien in das Kuvert gesteckt worden waren, zusammen mit einem Hinweis über das Vorhandensein des Milchkrugs und der Zuckerdose, schickte es den Umschlag ins »bureau« hinunter. Und als es, vollständig angezogen und gewaschen, hinunterging, erfuhr es, dass er bereits abgeholt worden sei. Heute Morgen dann, neuer Anruf: Es war Mr Clay persönlich: der liebenswürdige Mann erging sich in Dankesbezeigungen und fragte, ob sich das Monstrum von 11 bis 12 ins Wallace begeben könne, um die Fotografien abzuholen und mit ebendiesem höchst ehrwürdigen alten Herrn zu sprechen.

Das Monstrum willigte ein. Und um 11 1/4 fand es sich wieder bei seinem weisen, in rötliche und violettliche Wollsachen eingemummelten Mentor mit gelben und rosaweißen Schuhen an den Füßen. Wie immer überaus entzückend. Er bedankte sich; sagte, dank einer eingehenderen Prüfung mit Vergrößerungsglas und Vergleichen mit anderen Fotografien und Beratschlagungen mit dem Freund, sei er je länger je überzeugter vom Wert der Stücke und insbesondere ihres geradezu außergewöhnlich guten Zustands; und daher könne er mir »confidently« sagen, dass der mir gestern genannte Mindestpreis zu niedrig sei. Er bedauerte das Fehlen der Fotografie der anderen zwei Teile und schien besonders interessiert daran zu wissen, ob der Milchkrug Füße habe oder nicht; worüber ich ihn nicht informieren konnte. Anscheinend sind die Füße wünschenswert. Anscheinend war er sich mit dem Freund nicht über das Tablett einig, das dem Freund zu klein für das ganze Service erschien und sich auch im Dekorationsstile unterschied, und daher nicht dazu gehörte. Während der vortreffliche Greis ihn mit verschiedenen Beispielen und scharfsinnigen Argumenten nach einer langen Debatte (die Erinnerung daran erhitzte ihn immer noch) davon überzeugte, dass alles zusammenpasste und dass die kleinere Dimension des »plateau« (die wirklich auffallend ist) auf die unterschiedlichen Entfernungen zurückzuführen seien, aus denen die Fotografien besagten »plateaus« und der Untertassen aufgenommen wurden.

Er schloss mit ein paar fotografischen Ratschlägen »for the use of our friend«, hinzufügend, dass eine lange damit zugebrachte Karriere, Gegenstände in den Museen fotografieren zu lassen, ihn dazu befuge.

Er sagte, die vorliegenden Fotografien seien in Ordnung und könnten als Detailaufnahmen verwendet werden. Dass es aber wünschenswert wäre eine Serie zu besitzen, die aus der genau gleichen Entfernung aufgenommen sei, um anhand deren die Proportionen der einzelnen Stücken miteinander vergleichen zu können, auch wenn die Details weniger scharf sind. Er rät auch, eine Aufnahme des ganzen Service auf dem »plateau« machen zu lassen, und eine von den Tassen im Profil, damit man Form und Henkel besser sieht. Und fügte hinzu, dass es hilfreich wäre, mit den Fotografien die genauen Maße der einzelnen Teile und eine knappe Geschichte des Service mitzuschicken. Sagte, dies nicht zu seinem Gebrauch, da er ja nun gesehen habe, aber für den Fall, dass man es anderen zeigen möchte.

Nachdem er die Fotografien zurückgegeben hatte, verkündete er, er reise am Donnerstag nach Schottland, und ich verabschiedete mich.

Doch dies ist nicht alles.

Gestern Abend speiste das Monstrum mit Großoffizier

Enrico Consolo[1], Direktor der Banca Commerciale, Jude und ein tüchtiger Mann. Es erzählte ihm von seinem Besuch am Vortag im Wallace und fragte, ob er nicht einen Porzellan-Sachverständigen kenne.

Consolo verneinte. Er sei aber eng mit Sir H. Witt[2] befreundet, der sowohl als Anwalt als auch als Besitzer einer wertvollen, auf der Welt einzigartigen, Sammlung von Fotografien von Gemälden berühmt war, von der mir auch Venturi[3] (der Ältere) vor Kurzem mit Ergriffenheit ob ihrer ungewöhnlichen Bedeutung (es sind 200 000 Bilder) erzählt hatte. Dieser Sir H. Witt ist »trustee«, Treuhänder also der National Gallery, und Consolo anerbot sich, mir ein Einführungsschreiben für ihn zu geben, da jener wiederum alle Sammler und Antiquitätenhändler Londons kenne und mir die richtigen Adressen geben könne.

Was auf dem Briefpapier des »Restaurants« getan wurde, und heute wird das Schreiben (mit Visitenkarte und Bitte um einen Termin) vom unermüdlichen Monstrum abgegeben.

Jetzt wartet man auf neue Geschehnisse.

Inzwischen wird das Monstrum in Kürze wieder abreisen müssen, und nicht nach Paris, sondern nach Nord-Wales, da es für 2 Tage nach Palettopoli eingeladen wurde, das heißt nach Powis Castle[4]. Und es freut sich, endlich eines jener berühmten Schlösser zu sehen. Es wird voraussichtlich am 2. August abreisen. Das Monstrum fühlt sich durch so viele Ortswechsel langsam wie ein Kreisel. Heute hat das Monstrum zahlreiche aus York nachgeschickte Korrespondenz erhalten. Und darunter eine Ansichtskarte vom V. P.[5] mit geistreicher Karikatur und knapper Zeile von Lucio.

Was die Magie und was Schottland angeht, hätte es viele

ernste Dinge zu berichten, aber es hat nicht eimal Zeit sich die fülligen Hüften zu kratzen.

Es hat ebenso einen Brief vom innigst geliebten Pupo[6] erhalten, der tiefe Rührung ausgelöst hat und dessen (schmuckloseste) Worte unfehlbar an sein empfindsames Herz rühren.

Erede[7] ist endgültig verlobt. Walter[8] ist eine alter Narr und übergeschnappt.

Das Monstrum hört auf, weil es die prächtigen Gewänder anlegen muss, um bei einer anmutigen Person zu dinieren, die ihm sehr teuer ist (immerhin weniger als Pupo, jedoch)

Das Monstrum aus, weichem, Porzellan.[9]

Auf Briefpapier des »Hôtel Great Central, London, N.W.I.«, fünf nummerierte Bogen, zehn Seiten

Brief IX

‹London› 5. August 1927.

Obzwar immer verstoßener, arbeitet das Monstrum weiterhin für das berühmte Service.

Heute Morgen hat es endlich den geheimnisumwobenen Sir Robert Witt getroffen. Dieser (immer elegant, hager, rasiert) empfing es in seiner Anwaltskanzlei, in einer lauten düsteren Straße der City. Er prüfte die Fotografien, fand sie sehr interessant obwohl, wie er sagte, es sich nicht um sein Fachgebiet handle. Er anerbot sich, einen Empfehlungsbrief für einen Experten zu schreiben, doch als ich ihm sagte, ich hätte Mr Clay aufgesucht, meinte er, ich hätte bereits die höchstmögliche Autorität gesprochen und es sei überflüssig andere zu konsultieren. Er riet mir offen davon ab, zu irgendwelchem Antiquitätenhändler zu gehen weil, sagt er, die immer ihre Schätzungen in Rechnung stellen und, für den von Clay angedeuteten Preis, würde eine Schätzung bestimmt nicht unter 30 Pfund Sterling kosten, also circa 3000 Lire. Dann gab er mir äußerst kluge Informationen über die Auktionen und Verkäufe an Sammler, die zu lang sind um hier wiederholt zu werden.

Woraufhin jener sympathische Mann (mit den Engländern zu verhandeln ist immer ein Vergnügen: Sie sind höflich und knapp, und ihre scheinbare Dummheit ist bloß eine immense und unbezwingbare Schüchternheit) zum Kassenschrank trat und eine Ledermappe herausnahm, aus der er eine großformatige Rötelzeichnung zog. Nichts weiter als ein echter Michelangelo, eine Skizze zum Adam der Sixtinischen Kapelle, kürzlich für 600 Pfund Sterling vom National Art Collection Fund erworben, deren Präsident Sir Robert Witt ist (in Sachen Malerei soll er eine weltweit anerkannte Autorität sein). Er gestand mir, dass er seine Eigenschaft eines Präsidenten ausnutze, um die Bilder oder die Zeichnungen ein paar Tage bei sich behalten zu können, bevor er sie dem Museum übergebe.

Dieser National Art Collection Fund ist eine Stiftung von Kunstfreunden, die über beträchtliche Mittel verfügt, die sie jedes Jahr für den Ankauf von Bildern und Zeichnungen in England oder im Ausland verwendet, die sie dann Museen schenkt.

Ich habe auch den illustrierten Bericht der Ankäufe des vorigen Jahres gesehen, voller wunderschöner Dinge, darunter, in einer Sakristei gefundene, äußerst kostbare bestickte mittelalterliche Paramente.

Damit hat das Monstrum seine Aufgaben erfüllt.

Ihr habt wohl von mir eine Ansichtskarte aus Powis Castle erhalten. Die Schönheit jenes Schlosses, und die jenes Parks erst!, ist weder vorstellbar noch fotografierbar. Das Monstrum, obwohl von Natur aus herablassend, war erschlagen. Die Salons mit ihren alten Holztäfelungen und ihren Decken mit den »plâtre«-Stukkaturen aus dem Cinquecento; die Geheimtreppen und die Falltüren; die zu den Wiesen hinab und zu den Wäldern hinauf führenden Stufenterrassen; die

300 Hirsche und Damhirsche im grenzenlosen Park; das Schlafzimmer des Monstrums mit Himmelbett und kostbaren Möbeln; die tausend Reliquien aus der Vergangenheit, die einen das Alter der Familien spüren lassen; das Fehlen von Gespenstern und die fabelhafte Küche sind Themen, mit denen das Monstrum die langen Winterabende zuzubringen gedenkt.

Auch kann es jetzt nicht die leuchtenden Reynolds, die Gainsborough, die Rubens und die van der Weyden beschreiben, und auch nicht die weniger wertvollen, aber immerhin würdevollen Familienporträts (und was für Rahmen!) und weder die Limoge-Emails noch die unsagbar wertvollen indischen Goldschmiedearbeiten (ein komplettes »Bethel«-Service[1] aus Gold und Diamanten, eine Feldflasche aus Jade und Smaragden usw.) aus der Kriegsbeute von Lord Clive[2], als er für die Engländer Indien eroberte. All dies umgeben von grenzenlosen Ländereien (Lord Powis ist der mächtigste Großgrundbesitzer Englands) in denen es von Jagdwild wimmelt (an einem Tag 500 Fasane) und mit weiteren drei, komplett eingerichteten, Schlössern.

Wir sind fahle Schatten der echten Herren. Wir sind arm, und arm werden wir sterben.

Paletto[3] immer würdevoll und höchst anregend: Sie verfügt über eine ungewöhnliche historische und auch italienische Bildung und spricht viel kenntnisreicher über die palermischen Brüder Di Benedetto[4] als ich, der kaum weiß, wer sie sind.

Lord Powis (der ein Druide (!) ist – ich erkläre dies ein andermal) taute auf, und wie mit den Engländern in ähnlichen Fällen üblich, erwies er sich als gebildet, unterhaltsam und interessant: Er hat mit einem Segelschiff die Welt umrundet, er war 3 Jahre in Indien Gouverneur von Bengalen, er hat Tiger, Löwen, Weißbären und Kängurus gejagt, hat eine Leidenschaft für die Landwirtschaft und hat in seinem Leben auf seinen Ländereien über eine halbe Million Bäume anpflanzen lassen (und man sieht es!).

Lord Clives Sohn[5] ist fröhlich und (für gewöhnlich) keineswegs dumm, wenn die erste Stunde Konversation vorbei ist. Er wird im Winter nach Palermo kommen und ist bereits zum »poker« eingeladen, das er leidenschaftlich gern spielt. Er müsste eines jener unserer sich zu Tode langweilenden Fräuleins heiraten; aber er will nicht.

Das Monstrum reist am 11. oder am 12. von hier ab; es wird bald in Italien sein.

Und möchte Nachrichten. Jetzt besitzt es auch einen englischen Personalausweis (man muss ihn besitzen, wenn man länger als zwei Monate bleibt). Jetzt ist es auch hier warm.

Das weise Monstrum.

Auf Briefpapier des »Hôtel Great Central, London, N.W.I.« Fünf von 2 bis 4 nummerierte Bogen, zehn Seiten

Brief X

‹London› 10. August 1927.

Das Monstrum schreibt, mit einer an Lächerlichkeit grenzenden Dummheit, weiter.

Dieses Kapitel *ist* Lucio, dem Theologen, *gewidmet*.

Vor ein paar Tagen las es in den Zeitungen, kommender Sonntag (jetzt vergangener) würde derjenige sein, an welchem in den (anglikanischen) Kirchen zum ersten Mal das neue Gebetbuch verwendet wird, Resultat einer vor Kurzem nach lebhaftesten und interessanten Diskussionen angenommenen kürzlichen Revision mit katholischen Tendenzen, eine Diskussion, die das Monstrum mit großer Aufmerksamkeit verfolgt hat und deren Echo vielleicht bis an die provinziellen Ufer gelangt ist, an denen ihr sitzt (und schwitzt). Das Monstrum, von jener noblen intellektuellen Neugierde getrieben, die es in die Nähe von Goethe oder Chestertonium[1] rückt, begab sich also am vergangenen Sonntag zur Zeit des Gottesdienstes in die berühmte St.-Margaret-Kirche, um bei einem solchen Ereignis anwesend zu sein, das von größerer Bedeutung ist als es auf den ersten Blick erscheinen mag.

Der ketzerische Gottesdienst verlief bis zu einem bestimmten Moment in Friede und höchster Bußfertigkeit; doch nach ein paar vom Zelebranten gelesenen und auf die neue eucharistische Interpretation sich beziehenden Worten ging ein Murmeln durch die Menge. Und etwa zwanzig Personen standen auf und versammelten sich tuschelnd in einem Seitenschiff; worauf eine von ihnen sich aus der Gruppe löste, auf den Pastor zuging, die Hand hob wie ein Schüler und bat, das Wort ergreifen zu dürfen. Erklärte, dass sein Gewissen es ihm nicht gestatte einem Gottesdienst beizuwohnen, der, seiner Ansicht nach, Interpretationen enthielt, die der Schrift zuwiderlaufen, und er sich daher mit seinen Gefährten zurückziehen müsse.

Der arme und von diesem ungebührlichen Vorfall zutiefst gedemütigte Pastor, anerbot sich anschließend, die Anpassung des neuen Gottesdienstes an die Heilige Schrift zu erklären; der Protestierende verbeugte sich, und von seinen Getreuen gefolgt, verließ er die Kirche.

Kurz darauf ging auch das Monstrum hinaus, Nachfahre strenger Heiliger und gelehrter Prälaten, die höchste Würde der Römisch Katholischen Kirche anerkennend und die endgültigen Worte des unsterblichen Abtes murmelnd: »Les Loups se dévorent entr-eux tandis que les agneaux paissent en paix.«[2]

Dieses Kapitel ist für Casimiro, den Maler[3]

Das Monstrum hat sich in die Tate Gallery begeben, um den kürzlich gebauten neuen Flügel zu besichtigen, in dem die modernen ausländischen Maler Platz gefunden haben. Es gibt dort eine Menge Manet, Monet, Degas, Renoir,

Gaugin, Pissarro, Van Gogh und Mancini. Die hässlichen Dinge überwiegen; das Monstrum muss jedoch zugeben, dass Degas ihm ein Großer zu sein scheint. Es kann nicht erklären, warum. Es gibt jedoch einen ausschließlich Sargent gewidmeten Saal. Das inkompetente Monstrum vermag die technische Meisterschaft jener Porträts nicht zu beurteilen, jedoch erscheint sie ihm höchst bemerkenswert; wenn allerdings die Meisterschaft eines Künstlers aus der Intensität der naturgetreuen Darstellung besteht, aus der Durchdringung der Seele des Modells bis zur Indiskretion und aus dem Projizieren dieser Seele auf die Leinwand, dann muss man zugeben, dass Sargent einer der größten Künstler aller Zeiten war.

In diesem Saal sind unter anderem die neun Porträts der Familie Wertheimer versammelt, die offenbar als das Meisterwerk Sargents gelten.[4] Das Monstrum hat sich davor hingesetzt und hat sich amüsiert, als wäre es im Theater; denn die Leinwände sind derart ungeheuer charakterisiert und tiefgründig, dass man wirklich glaubt einer Komödie beizuwohnen; die Metapher des »sprechenden Porträts« ist verwirklicht; und diese Porträts sprechen nicht nur, sondern erzählen, was die Modelle nie zu gestehen gewagt hätten.

Papa Wertheimer (wer auch immer er war) tritt, mit dem fröhlichsten und perversesten Filibustiergesicht weit und breit, in einer »redingote« aus einem dunklen Hintergrund, der wohl auf die Herkunft seines Vermögens hinweist; hundert Meilen weit nach Ghetto stinkend, versucht die schmuckbehangene Mamà Wertheimer[5] mit den schmalen Lippen und dem schwarzen Kleid als große Dame aufzutreten.

Bei den Töchtern bewundert man alle Varianten des korrumpierten Reichtums: eine, hässlich und intellektuell mit Brille und weißer Schminke, hätte nach Belieben Theosophin oder dilettantische Anarchin werden können; die andere ist die gut gelaunte Strunze, parfümiert und schmuddelig und zweifellos die Geliebte ihres »chauffeurs«; und auf dem gleichen Bild sieht man überdies einen widerwärtigen Bruder, einen sechzehnjährigen Jüngling, er hat bestimmt schweißnasse Hände, mit einer arroganten und albernen und sportlichen Allüre;[6] es tut mir leid sagen zu müssen: mit einer markanten Ähnlichkeit mit Raimondo Arenella.[7]

Da ist noch ein älterer Bruder[8], eingeschnürt in eine tadellos sitzende »redingote«, hier ließ sich Sargent von einem Wunder an Intuition leiten und hat keine Charakterzüge dargestellt, weil es keine Charakterzüge darzustellen gab; das Porträt wirkt unvollendet, doch es ist es nicht: unvollendet war eindeutig das Modell, offensichtlich Rennstallbesitzer und großer »lion« in seinem Club von Judenmillionären. Dann, hingegen, als Beweis seiner Arglosigkeit und seiner absoluten Vorurteilslosigkeit, zeigt das Porträt des dritten Bruders die adelige Gestalt eines nachdenklichen und redlichen Jünglings.[9] Weitere Porträts stellen die jungen kostümierten Damen und unzählige Kinder dar.[10]

Ich versichere dir, dass es sich allein schon deswegen lohnt, nach London zu kommen.

Das Schöne daran ist, dass die Porträtreihe von Herrn Wertheimer persönlich der Galerie geschenkt wurde, vertrauensselig und nicht der ewigen Schmach bewusst, der er sich preisgibt; weil man auf seinem Porträt das Wort »Dieb« liest, als wäre es mit scharlachroten Buchstaben geschrieben.

Das Monstrum hat in einem Geschäft entzückende Spielmarken aus zart graviertem Perlmutt gesehen; sie sind in anmutigem orientalischem Stil als Vögel, Schilde oder Feigen geformt; das Monstrum wünschte sich sehnlich, sie zu besitzen, auch weil es im Voraus die verschiedenen raffinierten Gespräche genießt, zu denen ihre Form Anlass geben würde. Doch sie kosten ein Vermögen, viel mehr als der höchste illusorische Wert, den sie im Spiel haben könnten. Und V. P. würde sie einstecken.

Jetzt, da es mondän unbeschäftigt ist, frequentiert das Monstrum allabendlich die prächtigen Kinosäle; und da es in jeder Vorstellung zwei »films« sieht, glaubt es, im Voraus alle palermischen Vorführungen von 1929 gesehen zu haben. Nichts Ungewöhnliches, um ehrlich zu sein; jedoch ein Bemühen um ein größeres psychologisches Interesse; und bei zwei oder drei »films« hat es sich tatsächlich für das intensive Drama als Zusammenprall von Charakteren interessiert. Alles neue Darsteller, und sehr gute; intimere Themen, weniger spektakulär und auch weniger puritanisch (endlich sieht man ab und zu eine verheiratete Frau mit Liebhaber); eine ganze Menge hübscher junger unbekannter Frauen, von denen es Josephine Dunn empfiehlt;[11] die »films« von raffinierten, Geräusche imitierenden Instrumenten begleitet, oft sehr beeindruckend, vor allem für stürmisches Meer und Regen; mit Schießereien, jedoch gekonnt gedämpft und nicht realistisch wie die schrecklichen der *Großen Parade*[12], die Varieté-Nummern immer luxuriös und mit originellen Beleuchtungseffekten und Scheinwerfern, von denen man bei uns nicht die geringste Ahnung hat. Die billigsten Plätze sind, anders als in Italien, logischerweise die hintersten oben.

Hier schließt das Monstrum seine »Londoner Gazette«.

Es hat bereits Europa von Süden nach Norden, von Palermo nach Edinburgh durchquert, es bereitet sich nun vor, es von Westen nach Osten, von London nach Bozen zu durchqueren. Es wird sich nur kurze Zeit in Frankreich aufhalten. Es reist vielleicht übermorgen ab.

Ihr seid Schweinehunde, weil ihr mir nicht schreibt; doch jetzt ist es zwecklos; demnächst könnt ihr Hôtel Caldaro – Mendelpass – (Südtirol) – adressieren –

das hyperernährte Monstrum.

Auf Briefpapier des »Hôtel Great Central, London, N.W.I.« Sechs nummerierte Bogen, zwölf Seiten.

Paris 14 August 27.

Seinem Versprechen treu, hat das Monstrum gestern abends einen Erkundungsrundgang in Rue du Colysée unternommen. Es ist dies eine Nebenstraße, die gleich nach dem Rond-Point in die Avenue des Champs-Elysées mündet, rechts, für den, der in Richtung der *Arche* geht. Eines der Eckhäuser dieser nunmehr berühmten Verkehrsader wird eben abgebrochen und wiederaufgebaut, was, zeitweilig, den Glanz beeinträchtigt, den man von jener Straße, einer echten Perlmuschel, erwartet. An der anderen Ecke steht ein entzückendes Gebäude, das ganz von »Renée-robes-fourrures-manteaux« in Beschlag genommen wird und daher ein Bienenstock, in dem Nähmädchen wimmeln, für deren Liebreize, hoffen wir, ihr berühmter Nachbar nicht unempfänglich bleiben wird. Sollte ihm dies nicht genügen, gibt es im Erdgeschoss ein luxuriöses Geschäft, das unter dem etwas ungewöhnlichen Namen »Byron« Herrenwäsche, Socken, Pyjamas und Hosenträger verkauft und daher wohl mit männlichem Personal und männlicher Kundschaft bestückt ist. Kaum biegt man in die Straße ein, erhebt sich rechts, gleich neben den Abbrucharbeiten aber, bestimmt dank Apollos Einfluss, der selber noch unversehrt ist, das

Hôtel du Colysée mit seinen kümmerlichen Proportionen und seinem ehrwürdigen Alter, jedoch mit einem unbeschreiblich eleganten und geheimnisvollen Eingang. Gegenüber ein kleines Avantgarde-Theater, »le Studio des Champs-Elysées« mit einer kubistischen Fassade, das zur Zeit geschlossen ist. Weiter vorn versinkt die Straße in eine lethargische Banalität mit einer Konditorei, einer Bäckerei und weiteren niedrigen Häusern. Bloß ein paar zweitrangige kleine »restaurants«, jedoch, was die Namen und die Einrichtung angeht, mit künstlerischen Ambitionen, die die Traditionen eleganter Zügellosigkeit fortsetzen, mit denen die Straße beginnt.

Das Monstrum reist in ein paar knappen Stunden nach Dijon weiter, einer Stadt, die gleichzeitig seiner Künstlerseele, seinem Intellekt eines Historiographen und seinem »Gourmet«-Magen teuer ist.

Und am 18. werde ich in Bozen sein.

Es hofft im »Hôtel Caldaro – Mendelpass« gute Nachrichten von euch vorzufinden und verweist darauf, dass euer epistolarisches Verhalten unter jeglicher Kritik ist –

Das Monstrum der Elysischen Felder.

Auf Briefpapier des »Hotel Terminus Nord« in Paris. Zwei nummerierte Bogen, vier Seiten.

Mendelpass 30 August 27.

Das alpine Monstrum grüßt.

Es hat derart viele Briefe geschrieben, dass sie, zusammengestellt und gedruckt, ein stattliches Buch im Oktavformat ergäben.

In besagten war es geistreich, deskriptiv, tiefsinnig und weise; und in ihnen hat es alle Facetten einer Intelligenz funkeln lassen, die im heutigen Europa nicht viele ihresgleichen hat.

Dies ohne es zu schaffen, den kleinsten Tropfen Tinte aus euren ausgetrockneten Federn zu pressen.

Wohl seh' ich, ach ja! wohl seh' ich wie Dante, dass ihr dem Hauch der Liebe sinnend lauscht;[1] und um eure Zeilen zu sehen, muss ich wohl warten, bis erwähnter Casimiro etwa Lust auf einen patentierten Zigarrenanzünder, auf ein Speckmesser und eine Zitronenpresse hat: Damit er sich des Monstrums als Instrument bedient, um seine mühsam erworbenen Ersparnisse zu vergeuden. Obschon das Monstrum zwischen vielen Bäumen und vielen Felsen, und der lebenspendenden Nahrung bar, die die Nährmutter London ihm spendet, gerade jetzt einer Ablenkung bedürfte.

Es fügt skrupulös zusammengestellte Liste von Londoner

Antiquaren bei, die, mit Grüßen, Masnata auszuhändigen ist, dessen Adresse es nicht kennt.

Das Monstrum wird demnächst umziehen, und falls ihr ihm, eure Sünden bereuend, schreiben möchtet, erreicht ihr es im »Hôtel Post-Bemelmans«.

(Bozen) Klobenstein am Ritten.

Viele Grüße –

        das harzduftende Monstrum

Ein in der Mitte gefalteter Bogen, vier Seiten. Oben auf der ersten Seite die Adresse »Hôtel Caldaro / Mendel / ass«. Das Datum ist am linken Rand, schräg, hinzugefügt.

Klobenstein 3. September 1927.

Das Monstrum ist von barmherziger Wesensart und mit einem zärtlichen Herzen ausgestattet; eine Schwäche, die die Schurken gern ausnutzen, um ihm Kummer und Schmerzen zuzufügen; im Übrigen ist die Natur rundum heiter und klar und entfaltet sich mit dem sanften Grün der Wälder und der ewig dem klaren Himmel entgegenstrebenden Gipfel; die Hotelküche ist köstlich und stimmt sanftmütig. Daher verzeiht das Monstrum und vergibt; jedoch sich etwa selbst zu demütigen und um Verzeihung zu bitten, bis dahin ist es ein großer Schritt; und es hat beschlossen ihn nicht zu tun.

Es hatte, um ehrlich zu sein, den Grund für so viel hartnäckiges Schweigen geahnt, und dies mäßigt seinen Groll. Doch es bedauert aufrichtig die missliche Situation, in der ihr euch befindet, und wünscht sich, dass eine wohl bedachte Entschlossenheit diesen wahrhaftig ruinösen Teufelskreis zu durchbrechen vermag. »Le père prodigue« ist Dumas'[1] Komödie entsprungen und lustwandelt in den blumengesäumten Alleen von Genuas Riviera mit einer Reinheit der Gesichtszüge und einer Vollkommenheit der Gestalt, dass er eher mit den Gaben der Kunst ausgestattet zu sein scheint als mit denen des Lebens.[2]

Und das unerwartete Erscheinen des heiligen Schattens von Piux X. in dieser Angelegenheit fügt eine verblüffend subtile Prise Humor hinzu, wie nur ein Dickens oder ein Chestertonius sie sich hätten ausdenken können.[2]

Jedoch, Scherz beiseite, das alles ist äußerst traurig, und ich hoffe, dass ihr einen Ausweg finden könnt.

Lucios Nachricht[3] hat mich entsetzt, hat mich aber weder empört noch überrascht. Und ich muss sagen, dass ich, trotz eurer wiederholten Beteuerungen, immer noch nicht von deren Wahrheitsgehalt überzeugt bin und hoffe, dass es sich um einen eurer raffinierten Schwindel handelt, mit dem ihr, im Einvernehmen mit Masnata, das unschuldige und vertrauensvolle Monstrum hereinlegen wollt.

Doch ich nehme mir vor, zu diesem Thema ausführlicher an Lucio zu schreiben, und vielleicht heute noch.

Hier, wo wir erst gestern angekommen sind, fühlen wir uns sehr wohl. Das Hotel ist überaus reizend, sehr modern eingerichtet mit Salons im dekorativen Münchener Sezessionsstil und schönen in Terrassen angelegten Gärten. Die Küche, wie bereits erwähnt, exzellent, und die Gäste elegant. Das Klima gemäßigt, ebenso weit weg von der Gluthitze im Tiefland als auch von den vorzeitigen Schneefällen am Mendelkamm.

Ich erwarte den versprochenen Brief, auf den ich zähle, und schicke dir zusammen mit Mamà herzliche Grüße

das Waldmonstrum

Ein gefalteter Bogen, vier Seiten. Oben auf der ersten Seite die Hoteladresse: »Hôtel Post-Bemelmans. / (Bozen) Klobenstein«.

Brief XIV

Klobenstein 6. September 27.

Lieber Lucio,

deine Feder pflegt sonst azurne Seraphim inmitten von Wäldern aus goldenen Bäumen zu schraffieren, und plötzlich hat sie sich in den schonungslosen Stil verwandelt, der in der Genesis die Kapitel über Sodoms Ende beschrieb.

Es freut mich, dass du, inmitten von so vielen Schändlichkeiten, die Hellsichtigkeit des Monstrums, Seelenerforscher und Jünger des unfehlbaren Revel[1], anerkennst. Doch selbst das Monstrum stellt nunmehr fest, dass es an den Ufern eines dicht bevölkerten Toten Meers lebt; das Monstrum und Pupo,[2] du und Fulco, Fulco und die ganze Welt, Masnatas Orgien, Philopoimens[3] Epheben, V. Ps kleine Hirten, bilden eine Schar Satyrn und Nymphen, die im provinziellen Palermo den weltstädtischen Ruhm Berlins und Londons in den Schatten stellen. Doch noch weigere ich mich, an die Wahrheit der Nachricht zu glauben. Ich war selbst einmal in der berühmten »garçonnière« im Foro (o weh! Foro!) Umberto,[4] und abgesehen von bürokratischem Papierkram sah ich nichts anderes als ein Tippfräulein von besonderer Hässlichkeit und einen Kerl, Hersteller von Schildpatt-Rahmen, der mir ungeeignet schien, jedwede Lüsternheit zu wecken. Noch hätte ich je geglaubt, dass jene kahlen Zimmer, Eigentum des sicher unkorrumpierten Fofò, sich auf ein Zeichen eines derart erbärmlichen Verführers wie Masnata in die Grotten des Mincio verwandeln könnten oder in die Salons von Mayfair, die Corydon und Dorian Grays Liebschaften sahen.[5]

Ich hoffe, ihr habt dem Adressaten nicht etwa die euch geschickte Liste der Londoner Antiquare gegeben. Und ich bitte euch, sie nicht weiterzugeben, damit die Polizei bei möglichen Hausdurchsuchungen nicht vermuten könnte, ich würde unter dem Namen von hochrespektablen Antiquaren Adressen von allzu lüsternen Treffpunkten weitergeben.

Ich erwarte Nachrichten über die Entwicklung der Angelegenheit und stelle mir, mit Entsetzen, das unflätige Vergnügen Ma-Jonggs bei der Nachricht des Skandals vor.

»Un libertinage si contraire à la volupté …«[6]

Es widerstrebt mir, am Ende eines so unerquicklichen Briefes, von Rosalinde und ihren abwechselnden angelsächsischen Verkörperungen zu sprechen; doch nichts verbietet mir, um den Geist in höhere Sphären zu erheben, dir die Lektüre von *Everlasting Man*[7] zu empfehlen, meiner Ansicht nach das hervorragendste Buch über katholische Apologethik seit Manzoni, voller hoher Poesie, sodass einem nach dessen Lektüre die redundanten Seiten vom papin'schen Christus[8] als die kindischen Blasphemien erscheinen, die sie sind –

                                         das patristische Monstrum

Ein gefalteter Bogen, vier Seiten. Oben auf der ersten Seite die Adresse des Hotels: »Hôtel Post-Bemelmans / (Bozen) Klobenstein«. Schräg daneben, rechts, das Datum.

Brief XV

‹Brixen› 20. September 1927.

Lucio mit Lorbeeren gekrönt,

ich hoffte ständig etwas von euch zu hören und damit jüngste Details vom sodomitischen Skandal, einem wunderbaren Gesprächs- und Meditationsthema, stell ich mir vor, in dieser glühenden Zeitspanne des sizilianischen Sommers. Doch eure epistolarische Ader, stell ich leider fest, ist nicht nur unbeständig, sondern auch kümmerlich, und ihre Wasser fließen mit der mühsamen Sparsamkeit der Valery'schen Lyrik.

Was immer mehr Pupos wunderbare Seele enthüllt, der, jetzt ohne Beschäftigung und in Genua in luxuriösen otia schwelgend, sich mit mir in regster Korrespondenz unterhält, dabei manchmal mit unerhörter Detailgenauigkeit seine Liebschaften und nicht nur seine schildernd, die den abgestumpftesten Schimpansen, ganz zu schweigen vom notorisch keuschen Monstrum, zum Erröten bringen; und die umfangreichen Episteln, ja echte »moralische Operetten«, jener anderen, in denen ich zu meinem Bedauern die stilistische humanistische Perfektion meines insignen recanatischen Vetters[1] vermisse und in denen sie obendrein mit beneidenswerter Leichtigkeit von den nüchternen ehtischen Betrachtungen Epiktets[2] zum gewandten Zynismus und dem billigen mondänen Positivismus übergeht, dessen verderbte Quelle Guido Veronese[3] ist.

Das Monstrum lässt es sich gut gehen in diesem Städtchen mit seinen Abteien, seinen Klöstern, seinen mächtigen Bischöfen und den klaren sprudelnden Gewässern und den ehrwürdigen Hügeln. Und es liest und versieht fleißig die hohe Lyrik des hochwürdigen Dekans von St. Paul's[4] mit Anmerkungen.
    Ich habe von den zahlreichen tragischen Todesfällen erfahren, die, bei euch, den Sommer erheitert haben. O meine Wiege, o Stadt, wo ich, ein Kind, in unschuldsvollem Lallen lachte, warum bist du zwischen dem eisenfarbnen Wall deiner Berge so dreckig, traurig und verzweifelt? und warum erwählst du zu deinen unwandelbaren Gästen die seelenlose Tragödie, die jedwelches Licht im dunklen Graus verstummen lässt?[5]
    (Dies ist eine poetische Paraphrase der berühmten Redewendung: »Porco Paese.«[6])
    Auf eure baldigen Nachrichten hoffend, schickt hochachtungsvolle Grüße

                              das ketzerische Monstrum

Ein doppelt gefalteter Bogen, vier Seiten. Oben, auf der ersten Seite, die Adresse: »Brixen – Hôtel Excelsior –«

Brief XVI

Brixen 1. Oktober 1927.

Das sich an diesen Zeiten erquickende Monstrum (Tölpel vorsintflutlichen Ausmaßes) nährt sich von Lorbeeren.

Es hat einen Brief vom berüchtigten 3M erhalten, in dem ihm mitgeteilt wird, Senator Corradini[1] habe persönlich an 3M geschrieben und ihm für den »wunderbaren« in »Opere e i Giorni« erschienenen (vom Monstrum unterzeichneten) Beitrag über Julius Cäsar[2] gratuliert – und davon beeilt sich der wohlwollende 3M dem Monstrum, glückliche Mutter eines wohlgeratenen Neugeborenen, Kenntnis zu geben.

Dann schickt Raffaele Calzini[3] dem Monstrum, auf dem beeindruckenden Papier mit dem Briefkopf des »Corriere della Sera«, einen Brief von grenzenloser Höflichkeit und voller überschwänglichen (aber verdienten) Lobes. Der Ruhm umkränzt nach und nach des Monstrums, des göttlichen Jünglings, Stirn.

All dies hat in den unerfahrenen Herzen der Eltern völlig unbegründete Hoffnungen und Wünsche geweckt, und sie sehen mich bereits kühn auf der dritten Seite des »Corriere«, einen von der europäischen Literatur gefürchteten und von den üppigen Einkünften fetten Minos. Einzige praktische Resultate hierzu werden eine Reise des Monstrums nach

Mailand sein, in einem Monat, ohne genau definierte Ziele, die aber, dank der rührenden Unschuld der verflossenen Generation, mit dem Ausspruch »im Corriere den Durchbruch schaffen« zusammengefasst werden;[4] das Ganze, versteht sich, wird schließlich auf einige Risottos und etliche Törtchen bei Cova[5] hinauslaufen. Ein weiteres Resultat ist die wiedererlangte Energie, mit der das Monstrum an seinem mühseligen banalen Beitrag über Chestertonius[6] arbeitet, eine seine Kräfte übersteigende Arbeit, die es aber zu Ende bringen und dem begehrten 3M zu übergeben hofft, wenn es sich, im November, in nobler literarischer Mission nach Genua begibt, was aber andere reizvolle und angestrebte Amüsements nicht ausschließen wird.

In Genua gibt es, inzwischen, Neuigkeiten: »Le Opere e i Giorni« weiten sich dank den Kapitalzuflüssen und Mitgliedschaften maßlos aus; Erede hat sich mit einem weitaus weniger begehrenswerten Mädchen als dem seines Rivalen Pupo verlobt.

Pupo reist in der Welt herum und ist reich, Literat und definitiv ein Dummkopf geworden; seine unvergleichliche Ex-Verlobte schreibt dem Monstrum ab und zu mit der ihr eigenen unwiderstehlichen Mischung aus Unschuld und Verworfenheit. Der beschäftigte 3M, das Faultier, wühlt in den Millionen.

Von Letzterem bis zu Fulco ist der Schritt kurz, und ich gehe ihn. Ich bin glücklich, dass er gekommen ist, den Niedergang dieses, wie man mir berichtet, immer noch glühenden und schirokischen palermischen Sommers aufzuheitern; und dass er, um die alten Orte und die nicht mehr jungen Freunde wieder zu sehen, in seinem fulkischen Glanz »la plage du soleil et des pyjamas«[7] (wie man, ziemlich geschmacklos, auf den »réclames« des Lido liest) vernachlässigt haben soll. Lucio, insbesondere, wird darüber selig sein und ich bin überzeugt, dass er ihn nur aus Höflichkeit an zweiter Stelle auf die Liste seiner Präferenzen setzt, nach einem gewissen »erhabenen Geist«, der für mich ein Unbekannter ist.

Den Blick in der Art von Lucios spiegelgänzendem Ebenholz auf die Ereignisse gerichtet, glaube ich verstanden zu haben, dass Masnatas gerichtliche Angelegenheiten sich zum Guten wenden, dass aber ganz und gar nicht mustergültige Vorfälle privater Natur zum Vorschein kommen. Das Monstrum hatte ihn schon immer auf der Liste der Kandidaten für den Galgen an die erste Stelle gesetzt; ich will hoffen, dass ihr ihm nach einem derart überzeugenden Beweis seiner Fähigkeiten einen hervorragenden Platz unter den Psychologen einräumt, mindestens neben Casimiro, der, wie jedermann weiß, wegen seines Berufs als Porträtmaler, mit ungewöhnlichem Eindringungsvermögen ausgestattet ist.

Der unbeschreiblich tiefe Friede dieses entzückenden Städtchens wurde vor eine paar Tagen von Überschwemmungen gestört. Ein feiner sanfter, aber 24 Stunden ununterbrochen anhaltender Regen hat alle Wildbäche in der Gegend anschwellen lassen, die ihrerseits die Isar haben schwellen lassen, die, nachdem sie ihr friedliches himmelblaues Alltagskleid abgelegt hatte, schlammig und schäumend wurde und mit riesigen donnernden Wellen, die an die des Meeres erinnerten und zahllose Baumstämme mitführten, Haustrümmer und Leichen im Tosen und Heulen wie mit einem Katapult gegen die Brückenpfeiler und die Dämme geschleudert. Anscheinend war die Stadt einen Moment lang ernsthaft in Gefahr, und es fehlte nicht viel und das Monstrum hätte sich wie Leviathan auf den schäumenden Fluten gewälzt.

Zum Glück hörte der Regen auf, das Toben legte sich, und jetzt ist alles normal, allerdings gab es hier in der Nähe bei einem Eisenbahnunglück etwa zwei Dutzend Tote, riesige Schäden, und fast alle Brücken in der Umgebung sind für den Verkehr geschlossen, und die kleineren sind sogar verschwunden. Das Monstrum verfolgte vom sicheren Beobachtungsposten auf einem 50 m über dem Flusspegel hohen Hügel das Schauspiel und fügte dadurch den reich gefüllten Tresoren seiner Erfahrung neue Preziosen hinzu.

Das Monstrum dankt euch für das vonseiten Casimiros bekundete Interesse an seinem Appetit: er ist ausgezeichnet und bestens gestillt dank der Fürsorge von Herrn Schacher, dem vortrefflichen Besitzer des Hotels, und nicht der Alpweiden, wie tendenziös unterstellt wird. Salvete –

das berühmte Monstrum.

Zwei nummerierte Bogen liniertes Papier, vier Seiten. Oben links auf der ersten Seite die Adresse: »Brixen – Hôtel Excelsior –«. Darunter in Klammern: »die Anschrift des Monstrums lautet von nun an: Hôtel Stiegl – Bozen«.

Brief XVII

»Das Monstrum«
Auf die Reparatur und Bestückung von Hoden und entsprechendem Zubehör spezialisierte Firma
   Hauslieferant des Circolo Bellini

Florenz – dem 16. November 1927 – Jahr VI

Sehr geehrter Herr,

die üblichen Verleumder haben das Gerücht verbreitet, unser berühmtes traditionsreiches Unternehmen habe keine Artikel mehr am Lager, die seiner großen distinguierten Kundschaft zu liefern es seit Jahren die Ehre hat. Diese Stimmen sind total unbegründet, und sollte es sich als notwendig erweisen, behalten wir uns vor, gegen die Verleumder juristische Schritte einzuleiten. Unser »Stock« an Hoden, Kloten, Klöten, Kugeln, Schellen und »Ma-Jongg« ist nach wie vor sehr umfangreich, wir sind also in der Lage, innert kürzester Frist die Ansprüche jedwedes Kunden zu befriedigen.

Wir haben vernommen, dass Sie den Wunsch haben, von unserer Firma beliefert zu werden, daher erlauben wir uns, Ihnen unsere Preisliste der verschiedenen sofort lieferbaren Modelle zuzustellen, und legen einige, unter den Tausenden ausgesuchte, Dankesschreiben von zufriedenen Kunden bei.

Unter Berücksichtigung der Aufwertung der Lira gewähren wir einen Skonto von 20% auf die Listenpreise. Barzahlung bei Empfang der Ware. Verpackung und Transport zu Lasten des Käufers.

In der Hoffnung, Sie bald zu unseren Kunden zählen zu dürfen, grüßen wir Sie mit vorzüglicher Hochachtung.

»Das Monstrum«

»Das Monstrum«

Auf die Reparatur und Bestückung von Hoden spezialisierte Firma
Hauslieferant des Circolo Bellini
Produktekatalog und Preisliste
für das Jahr 1927 (Jahr VI)

Hoden Modell *»Excelsior«*, zehn Jahre Garantie; feueremailliert, Farbe grellrot, von höchster erprobter Leistungsfähigkeit. Von verschiedenen Königshäusern getestet.
Lit. 12 000 das Paar

Das Modell »Excelsior« funktioniert auch in den renitentesten Fällen zuverlässig und ist ganz besonders für dekadente Dichter und pizzetante Musiker geeignet.[1]

Das preisgünstigere Modell »Vertex« bietet alle Vorteile aufwendigerer Apparate. Die neutrale Farbe ist vor allem bei den Herren Malern beliebt, denn sie erlaubt ihnen, ihre

Phantasie walten zu lassen und alle Schätze ihrer Palette auszuleben.[2]

Hoden Model »*Valencia*«, fünf Jahre Garantie, eigens für besondere Beanspruchungen konstruiert, mit dreifacher Vernickelung und Ersatzteilen.
Lit. 5000 das Paar

Unsere Firma ist immer auf dem neusten Stand der Technik, was uns erlaubt, unsere Produkte zu niedrigsten und konkurrenzlosen Preisen anzubieten. Wir haben zahlreichen entomologischen Gesellschaften große Mengen unserer Produkte geliefert, von denen sie wegen der Widerstandsfähigkeit gegen Motten und der Säurebeständigkeit sehr beliebt sind.[3] Nicht in der Nähe von Brutkästen aufbewahren.

Hoden Modell »*La Ménagère*« – 2 Jahre Garantie, brüniert, Federn mit Zinnober behandelt.
Lit. 2000 das Paar

Wir hoffen, dass Euer Wohlgeboren in unserer Produktepalette das Ihm genehme Modell findet. Die Verpackung ist elegant und sehr strapazierfähig. Jeder Sendung liegt eine detaillierte, reich bebilderte Gebrauchsanweisung bei.

»Das Monstrum«. Ihr Hodenlieferant

Kundenzuschriften:

Palermo. 20. August 1927 (Jahr VI)

Geehrte Herren, ich möchte an dieser Stelle meiner größten Zufriedenheit für die »Vertex«-Instrumente Ausdruck geben, die ich nun seit zwei Jahren ohne jegliche Probleme benutze. Dank der neuen Vitalität, die sie mir infundiert haben, schaffte ich es, in knapp sechs Monaten ein Aquarellgemälde von 16 Quadratzentimetern zu vollenden, das »Eumolpius und Giton«[4] darstellt, ein ziemlich heikles Sujet, an das ich aber habe herangehen können, ohne die Züchtigkeit und die Sittsamkeit zu verletzen, denn ich habe die zwei Helden als kahlköpfige zeitungslesende alte Herren mit Brille dargestellt und sie mit eisernen Höschen ausgestattet. Die von Ihnen für die Hoden verwendete neutrale Farbe hat mir erlaubt, sie mit Aquarellfarben zu verzieren: mit einer Zusammenstellung von Violetts, Opalschattierungen und verschiedenen Rottönen (gotische Glasfenster), die meiner Ansicht nach sehr gelungen ist. Sie befugend, meinen Brief zu veröffentlichen, versichere ich Sie meiner größten Dankbarkeit.

[…][5]

Palermo. 16. Mai 1927 (Jahr V)[6]

Meine Herren, infolge eines intensiven und leichsinnigen Gebrauchs meiner blaublütigen Hoden befanden sich diese in einem übel ramponierten Zustand. Ich ließ sie mir amputieren und ersetzte sie mit einem Paar von Ihnen gelieferten Modell *»Valencia«*, die mir erlaubt haben, in einigen bukolischen Situationen eine ausgezeichnete Figur abzugeben. Ungeachtet meiner schlechten Angewohnheit, sie nach Gebrauch in einer von lebenden Schaben und sonstigen toten Koleopteren wimmelnden Schublade zu versorgen und sie den Ausdünstungen von Blutlaugensalz auszusetzen, sind sie immer noch in einem tadellosen Zustand, und ein bisschen Sidol genügt, um ihnen den erforderlichen Glanz zurückzugeben. Von Herzen Dank.

[…][7]

Palermo, 2. April 1925 (Jahr IV)

Meine Herren, von Geburt an der Hoden bar, hatte ich mich an die renommiertesten Firmen gewandt und sämtliche Systeme getestet, sowohl die rückseitig als auch die auf oralem Weg anzubringenden. Vergeblich! Ihre »Excelsior« jedoch haben mich gerettet. Ich bin ein anderer Mensch! Wenn ich mit zwei Achtzehnjährigen Hautkontakt habe, gelingt es mir jetzt sogar, eine leichte Erregung von 4 Sekunden Dauer aufrechtzuerhalten. Wenn ich demnächst Hoden brauche, werde ich mich an Sie wenden; und die italienische Musik wird es Ihnen danken.

[…][8]

Drei Bogen liniertes Papier, sechs Seiten.

Brief XVIII

Florenz – 18. November 27.

Ich weiß nicht, lieber Casimiro, was für ein kritisches Kriterium du bei der Lektüre meines letzten Briefes geltend machst; doch wie auch immer, es ist eindeutig falsch. Von einer vorübergehenden Mattigkeit, von einer sinnlichen Melancholie, Folge und Präludium gewagter tauriner Wagnisse, eine endgültige Emaskulation abzuleiten, war eine kühne und trügerische und gemeine Unterstellung. Ich weiß, o ja ich weiß, dass eine Schwächung der Konstitution des Monstrums von den falschen Busenfreunden mit der lebhaftesten Freude aufgenommen würde, von den falschen Mystikern und den echten Schurken, die so hoffen könnten, in Ruhe kümmerlich dahinzuvegetieren, befreit vom täglichen Stachel der monstrumazeen Wachsamkeit.

Doch zwischen dem Wunsch und der »Erfüllung«[1] ist es ein weiter Schritt. Und das Monstrum lebt und gedeiht und erst noch mit 36 Paar prächtigen brüllenden Klöten behangen.

Das Monstrum wird morgen nach Siena reisen. Und am 22. wird es in Rom sein (Hotel Quirinale), wo es hofft Nachrichten von euch zu erhalten und, vielleicht, genaue Angaben zu eurer Abreise nach C. d. O.[2] Das

Monstrum hätte die Absicht am 6. Dezember anzukommen.

Werden wir vielleicht das große Vergnügen haben, auf unseren Ausflügen von Seiner D. dem V. P.[3] als kümmerlichen Gefährten und grotesken Lockvogel litoraler Abenteuer begleitet zu werden?

Das verschlafene Monstrum
(9 Uhr morgens)

Ein Bogen, zwei Seiten liniertes Papier. Das Jahr ist rechts oben, schräg, auf der Vorderseite hinzugefügt. Darunter: »Florenz –«. Und weiter unten: »18. November«.

1928

Brief XIX

⟨Paris 8. Juni 1928⟩.

Das Monstrum eine Stunde vor seiner Abreise nach London ...

Um dir dessen Seelenzustand vorzustellen, brauchst du ihn bloß mit demjenigen zu vergleichen, in dem du dich schon so oft, in Brindisi, eine Stunde vor der Einschiffung nach Indien befunden hast.[1]

Im Übrigen, auch Paris ist nicht zu verschmähen. Und dieses Jahr, da es mir geraten schien, hier eine Zwischenstation einzuschalten, bevor ich nach London weiterreise, hat es bei mir einen großen Eindruck hinterlassen. Wenn ich an jene etruskische Gruft von einem Palermo zurückdenke, scheint es sich nicht einmal auf dem gleichen Planeten zu befinden. Diesmal habe ich zum ersten Mal den noch vorhandenen Brunnen in der Rue du Bac gesucht und gefunden, in dessen Becken das ehrwürdige Hinterteil von Herrn Abbé Hieronymus Coignard[2] tauchte, während er durch seine Brille, deren eines Glas beschädigt war und deren anderes fehlte, die Tröstungen des Boëtius las. Ich habe auch in eurem Namen eine gerührte Träne vergossen.

Bei Henry, chapelier,[3] Rue Trenchat, habe ich einen Regenschirm mit faltbarem Griff und Schaft gesehen, was erlaubt, ihn im Koffer zu verstauen. Er kostet 85 Franken, 56 Lire also; und ist sehr hübsch –

                        das umherirrende Monstrum.

Grüße an den Dichter, wenn es ihn noch gibt.[4]

Hellblaue Karte mit dem Briefkopf des »Hôtel du Louvre/Paris«. Zwei Seiten.
    Das Postskriptum ist, rechts über dem Briefkopf, in einem mit der Feder gezeichneten Viereck hinzugefügt.

Brief XX

Mostropolis VI – 1928.

Londoner Szenen

I
– Der Vasallenkönig –

Im Hotel des Monstrums logiert zur Zeit auch ein König. Genauer gesagt, S.M. Sofori Atta, Monarch eines weitläufigen, aber rückständigen Staatsgebiets der Elfenbeinküste. Besagter ist einer der vielen princìpiculi[1], die »ruling Britannia« an ihren eisernen Dreizack gekettet hält und die es hin und wieder die Güte hat zu belohnen und nach London einzuladen, damit sie die »bus« bestaunen können, die »chorus girls«, die künstlichen Hasen und andere ergötzlich britische Eigenarten, und sie zudem auffordert, die Anzahl und Effizienz der »tanks«, der Kreuzerpanzer und der Bomberflugzeuge nicht zu vergessen. Doch Sofori Atta, der sich anscheinend in lokalen Guerillakriegen gegen aufmüpfige Stämme ausgezeichnet hat, ist obendrein hier, um den Titel eines »knight« in Empfang zu nehmen. Sodass man in den Zeitungen die seltsame Formel »H.M. Sir Sofori Atta« liest. »Ihr, die Ihr König seid in Sardinien und in Pisa Bürger.«[2] Es ist das erste Mal, dass er Afrika verlässt, und er hat den Zeitungen erklärt, dass ihn bereits der Dampfer beeindruckt hatte, dass die Eisenbahn ihn in Angst und Schrecken versetzt hatte, dass ihm aber London die Sprache verschlagen hatte. Ich stelle mir vor, dass es vermutlich jemandem, der direkt aus Palermo hierher kommt, fast, gleich ergeht.

Dieser Herr, schwarz wie ein Füllfederhalter und von einer besonders hässlichen schwarzen Unterspezies, ist im Übrigen äußerst würdevoll; und ist überdies der einzige Herrscher, der immer als König gekleidet herumläuft, und zwar die fetten Glieder in einem roten Samtmantel mit goldenen Galonen und einem weißen Pelzfutter (eine zu Ehren des englischen Klimas angebrachte Ergänzung, hoffe ich) und auf dem Kopf seine schöne Krone, wie es sich gehört; das Ganze jedoch etwas beeinträchtigt von den plumpen gelben Schuhen und von einer dicken Zigarre, an der er ständig pafft.

Das Monstrum begegnet ihm oft in den Korridoren, mit einem kleinen Jungen im Gefolge, der (ganz unbefangen) ein Zepter trägt (aus Elfenbein natürlich); und S.M. erwidert mit großem Wohlwollen die Bücklinge des Monstrums und lächelt und entblößt dabei einen unglaublichen Zahnwall (auch der aus Elfenbein) und stellt sich dabei vielleicht (wie Valéry) die »future fumée«[3] des gebratenen Monstrums vor.

Morgen lassen sie ihn fliegen, den armen Teufel; und übermorgen wird er sich in den Buckingham Palace begeben, wird vor dem König hinknien, der ihn, wie Galahad und Bayard, zum Ritter schlägt …[4] Doch eine solche Profanation wird auf der Stelle bestraft werden, weil König Georg ihm auch den Friedenskuss wird geben müssen.

II
– Eine Katze –

Vor zwei Tagen spazierte das Monstrum durch Parliament square, und zwar das riesige gotische Gebäude entlang, dem der Rauch und der Londoner Nebel innerhalb kurzer Zeit ein ehrwürdiges Aussehen verliehen haben, als aus einer mit Lancaster-Rosen, schottischer Distel und éirischem Klee geschmückten Schießscharte eine Katze auftauchte, eine dicke Katze schwarz wie Sofori Atta, aber viel schöner als er. Mit der gewohnten Geschicklichkeit glitt die Katze ein paar Meter die glatte Wand hinunter, überquerte den Gehsteig und wollte, mit einer für ihre Rasse ungewohnten Ungeschicklichkeit, die Straße überqueren. Und dies an einer Stelle, wo es keine Schwellen und daher auch keine »policemen« und Rettungsinseln gibt, und wo die Autos, die wissen, dass sich hier nie jemand auf die Straße wagt, fröhlich aufs Gas treten. Schön war, daher, zu sehen wie die Katze sich einer Art Tanz hingab, einer Reihe Sprünge, Purzelbäume und Kapriolen, mit denen sie versuchte den vorbeiflitzenden Fahrzeugen auszuweichen. Einen Hund hätte es zehnmal das Leben gekostet. Ihr nicht. Nach ein paar Minuten anmutiger Gymnastik, die alle Vorübergehenden auf dem Gehsteig stillstehen ließ, gab sie es auf. Nutzte ein sekundenlanges Aufatmen, ging auf dem Gehsteig wieder den Weg zurück, auf dem sie mit »so viel stolzer Sicherheit[5] hintergekommen war«, und verschwand im Fenster zwischen den gemeißelten Rosen, dem Kerbel und dem Kleeblatt – und unter dem lebhaften Applaus des Publikums. Nie zuvor hatte das Monstrum eine Katze auf ihr Vorhaben verzichten sehen, und dies war Grund lebhaften Entzückens.

III
– Belinda und das Monstrum –⁶

Heute Abend wird in der französischen Botschaft getanzt. Zuoberst auf der Treppe heißt die Botschafterin die Gäste willkommen. Jahrhunderte zu Dutzenden sind über ihren in eine enge Tunika in der Farbe von risotto alla milanese⁷ gehüllten Körper gegangen, von denen jedes seine Spuren auf ihr hinterlassen hat; das XVIII. ihr Gesichtspuder, das XIX. ihre Blutlosigkeit, das XX. die Deformationen der späten und falsch verstandenen »sports«. Am Fuß der Treppe trommelt der Haushofmeister Namen: »His Highness the Prince von Bismarck« ein schmächtiges bebrilltes Männchen, weit entfernt von der Stiernackigkeit seines grässlichen Großvaters; »the Count and the Countess von Blücher«⁸; »His Grace the Duke of Wellington«; feierliches Terzett von Namen, die das ironische Schicksal, einen nach dem anderen, unter dem französischen Dach zusammenführt. Hager und die nationalen Katastrophen Frankreichs überwindend, küssen sie das knochige Gepränge. Seine Exzellenz lächelt hinter dem Bart; sucht verzweifelt nach etwas Geistreichem, das gleichzeitig leutselig, tiefsinnig und würdevoll ist; erfleht den Beistand von Meister Talleyrand; wird nicht erhört; hüstelt.

Im Ballsaal wütet der Jazz unter den georgianischen Stuckaturen. Von der Wand herab enthält sich Ludwig XIV., unersetzlicher König Frankreichs im Hermelin und dem Himmelsblau des Mantels, wohlweislich eines Lächelns. Das Monstrum betrachtet versonnen Belindas »silver arms«.⁹ Später begibt es sich, mit Belinda am Arm, die Treppe hinunter zum Diner; die Menge der Gesättigten, die die Treppe wieder hinaufkommen, betrachtet verächtlich die Menge der Ausgehungerten, die hinuntergehen.

Danach ist das Monstrum gezwungen, unter dem gedämpften Rosalicht der »abat-jours«, die gegensätzliche Köstlichkeit der purpurnen Hummer mit der von Belindas leuchtenden Augen zu tauschen, während es doch so angenehm wäre, sie an einem separaten Ort zu kosten. Belinda erzählt, mit entzückender britischer Unschuld, Albernheiten, die aus ihrem vollkommen gezeichneten Mund kostbarer wirken als Buddhas Weisheiten. Das Monstrum versucht seine Erregung zu dämpfen; es gelingt ihm nicht und es hüstelt wie Seine Exzellenz. Auch die Erdbeeren sind nunmehr verschwunden (»comme le fruit se change en jouissance …«);[10] man muss aufbrechen; die schweren Falten von Belindas kurzer Robe rascheln; oben hat die Musik wieder eingesetzt. »As in her silks my Coelia goes.«[11] Um Belinda herum nehmen die Corinne, die Silvie, die Celie, die Rosalinde[12] Gestalt an, Yeats »beautiful women«, *Adonais*[13] schemenhafte Gestalten; die Blässe von Rossettis Frauen[14], die frische Anmut von Meredith[15] Heldinnen; alles, was das, unheilbar literarische, Monstrum in jenem Moment heraufbeschwören kann.

Hinter dem Autofenster leuchtet kurz das goldene Haar auf.

Das Monstrum verzehrt sich.

Es geht nach Hause.

IV
– Landschaft –

Doktor Castellani[16] (Sir Aldo Castellani!) sitzt am Steuer sein Autos. Das Monstrum neben ihm. Knightsbridge, Hammersmith, Putney, Kingston; Kilometer und Kilometer Stadt, die sich nicht zu weichen entscheidet. Nach Kingston plötzlich die Felder. Die Straße schlängelt sich, eng, zwischen den Weißdornhecken, zwischen den mächtigen Bäumen hindurch. Führt aufwärts, abwärts, windet sich, ohne ersichtliches Ziel. Hinter den Hecken wogende Wiesen, Gehölze, rote und weiße Häuser. Von heiligem Ungestüm gepackt, tritt Castellani aufs Gaspedal: 30, 40, 50, 60, 70 *Meilen* in der Stunde: der brave Rolls-Royce beschleunigt das Tempo ohne Rucken und ohne Lärm. Die Luft wird besser und klarer. Dann die Hügel von Surrey: Erdwellen, von niedrigen Höhen aus öffnet sich der Blick auf grenzenlose Panoramen. »Teas! teas! Refreshments! Petrol! Tyres«, verkünden im Vorbeifahren die Plakate an den Häusern längs der Straße. Guilford mit seiner einzigen, gerade steil abwärts führenden elisabethanischen Straße. Dann wieder die Hügel, und der Wald. Durch das Laub hindurch sprenkelt die Sonne die Straße mit goldenen Flecken; es duften die regenfeuchten Felder; der Himmel strengt sich an, um einem Turner zu gleichen, und oft mit grandiosem Resultat. In der Ferne, wunderbare vertikale Wolken, die den Rand der Hügel streifen, sich schräg einfallend mit geräuchertem Amber färben. Das Monstrum möchte Belinda an seiner Seite haben anstelle dieses hochgelehrten und vorzüglichen Mannes; Belinda umso weniger klug, umso mehr kostbar.

Der Wald wird dichter, doch in einer Lichtung taucht das von Rhododendren umgebene Haus auf. Im Salon brennt das Feuer: vertreibt die Feuchtigkeit und würde auch die Melancholie vertreiben, würde das Blau in den flackernden Flammen nicht so sehr an Belindas Augen erinnern. Hinter dem Garten erstrecken sich weitläufige, vom Rubinrot des »Tennis« Sandes gescheckte Wiesen. Der Tee wird serviert. »Enter« Gattin und Tochter. Der Doktor plaudert, begeistert, über die Trichinose und schildert entsetzliche Symptome; er bestreitet, dass sie ausschließlich tropisch ist; behauptet, dass sich die Bakterien in jedem beliebigen Darm befinden. Das Monstrum zittert unter dem gelehrten Blick und erinnert sich an den von Sofori Atta: Der eine will die Koteletts des Monstrums, um sie zu verspeisen; der andere die Eingeweide, um sie zu erforschen. Ach! und Belinda, die nichts vom Monstrum will! Doch auch dies ist ein Übel.

Rückfahrt. Es ist Abend. Am Straßenrand umgekippte Autos und zertrümmerte Motorräder: Relikte der sonntäglichen Vergnügen. Nah am Waldrand Zelte oder auch schlichte Decken, unter denen oder auf denen urlaubende Paare Tee und sonst was trinken. Berg-und-Talbahn-Straßen. Der Doktor fordert das Monstrum auf, ihm die Geschichte von Napoleon zu erzählen, und in Austerlitz angelangt, überfährt er ein Huhn. Gezeter, Palaver: der Blutpreis wird auf 5 Schilling festgesetzt.

In der Ferne taucht die boreale Aureole auf: es ist London. Das Untier streckt seine Tentakel aus; eine letzte Spur von Landschaft. Wir sind angekommen. Da sind die »policemen«. Es ist Viertel vor acht: Das Monstrum muss sich für das Dinner umziehen.

Es geht nach Hause.

V
– Technizismen –

Eine Ledersessel-Lawine zieht sich von der Decke bis fast zu ebener Erde des Kinosaals hinab. Darum herum die Wände mit dem ganz besonderen glatten matten Gold verziert und mit luftigen Blumen koloriert, was (die nicht zu gering zu schätzende) jüngste moderne architektonische Errungenschaft sein soll. Das »Foyer« ist sehr schön: die Wände abwechselnd aus Stahl und Kupferblättern, die an Schraubenflügel erinnern. Dieses Londoner »Paramount« gleicht in allen Details genau dem in Paris. Dann gibt es das »Movietone«[17], und mir ist absolut unverständlich, warum nicht mehr darüber gesprochen wird, ist es doch die Lösung für den Tonfilm. Damit werden die »Films«, ausschließlich, nach der Wirklichkeit reproduziert. Und die Militärparaden mit ihren marschierenden Musikkapellen, der Takt des Gleichschritts, das Hufegetrampel der Pferde, das Dröhnen der Kanonen, die Kommandorufe und das Klatschen des Publikums werden absolut perfekt wiedergegeben. Und desgleichen die Sport-»Match« mit dem Geschrei der Menschenmenge, der Stapellauf der Schiffe, das Einschlagen des Keils, das Gleiten des Kiels, das Aufklatschen im Wasser und der Applaus; und die verschiedenen Einweihungsansprachen nicht nur mit der perfekten Synchronie der Lippenbewegungen, sondern auch mit Hintergrundgeräuschen, Stimmen aus der Menge und Autogehupe und Flugzeugbrummen. Das Schönste von allem aber eine Szene an der Küste von Wales, in der das Schlagen der Wellen, der Rückfluss der Tide, das Pfeifen des Windes und der Schrei der Möwenschwärme in bewundernswürdiger Art wiedergegeben werden. Es handelt sich jedenfalls um ein System von gleichzeitiger phonografischer und kinematografischer Aufnahme dank einem einzigen Gerät.

Anschließend sah man einen Garten. Im Hintergrund eine Hecke; aus der Hecke trat ein alter weißbärtiger Herr und kam näher: Man hörte den Kies unter seinen Schritten knirschen. Ganz im Vordergrund des Bildes angelangt, blieb er stehen und hielt eine kurze Ansprache: Es war Shaw. Die Klarheit der Stimme, ohne das geringste phonografische Pfeifen, der absolute und perfekte Synchronismus (man hätte den kleinsten Mangel bemerkt, da der Oberkörper des Objekts die ganze riesige Leinwand füllte) waren wirklich beeindruckend.

Kommende Woche werden wir Chestertonium hören; obwohl die Zeitungen bösartig behaupten, die ganze Leinwand würde nicht reichen, um die opulente Person zu fassen.

Ich glaube, dass ihr euch mit der Manie der Lust-»films« ganz vom kinematografischen Fortschritt isoliert. Ich haben einen *Crowd*[18] gesehen, der traurig ist, gewiss, der aber wirklich schön ist: Die grausame Atmosphäre der Großstädte wird mit großer Intensität wiedergegeben. Im Übrigen glaube ich, dass die Pittaluga[19] die films, die sie in Italien zulassen, einer Art Kastration unterziehen: Die Kritiken in den Zeitungen hier verweisen ständig nur auf großartige realistische deutsche und amerikanische »films« und loben deren kühne Konzeptionen, und von denen wir uns in Italien nicht einmal eine Vorstellung machen können. Im Übrigen, alle »films«, die man hier sieht, sind immer kühner und weniger »milk and water« als die vom Pietralunga zugerichteten.

Das Monstrum weiß nicht, ob ihr auf dem Land seid oder nicht. Es adressiert jedoch nach Palermo.

Es möchte Nachrichten von euch.

– Und grüßt –

                                            das Weltstädtische Monstrum

Auf Bogen mit dem Briefkopf des »Hôtel Great Central, London, N.W.I.« Zehn nummerierte Blätter, zwanzig Seiten. Der Brief datiert vom Monat Juni.

‹London› *14. Juli 1928.*

Das Monstrum hat, sowohl aus Paris als auch von hier aus, verschiedene Briefe geschrieben, die, alle, im Wesentlichen vom gewohnten Scharfsinn seines Geistes zeugen, während sie formal in ihrer ganzen stilistischen Schönheit glänzen.

Auf keinen der Besagten hat das Monstrum Antwort erhalten. Das Monstrum war darüber derart empört, dass es kürzlich ein paar schon beschriebene Blätter zerfetzte, in denen lebhaft und scharfsinnig äußerst wichtige Besonderheiten des Londoner Lebens analysiert wurden wie: die Hunderennen, die »Tonfilms«, die Dinners bei Paletto[1], die Beliebtheit des Monstrums, und zugleich mit tiefsinnigen Betrachtungen über die englische Verfassung, die Lage in Ägypten und neue Sicherheitsrasiermesser. Ein nunmehr in einem Zornanfall unwiderruflich vernichteter literarischer Schatz.

Das Monstrum wird in circa zehn Tagen England verlassen. Es wird sich nach Holland begeben, von dort nach Deutschland, und über Köln, Mainz, Bonn, Frankfurt, Worms, Speyer, Koblenz, Wiesbaden, Straßburg, Basel und Zürich wird es in Innsbruck zu seiner Erzeugerin stoßen.

Überflüssig zu erwähnen, wessen ihr verlustig geht, wenn

das Monstrum hartnäckig schweigt. Was es bestimmt tun wird, wenn es vor seiner Abreise aus London keine Nachrichten von euch erhält.

Seine Betrachtungen über die Rembrandts in Den Haag und die Vermeers in Amsterdam, über das Delfter Porzellan und Harlems Tulpen, über Goethes Geburtsstadt, die Wormser Kaiser, die deutsche Gotik, den legendären Rhein, das philosophische Basel und die Augusta Raurica, alles Dinge, die euren intellektuellen Wissensstand bereichert hätten, werden euch nun entzogen.

Und, drohend, grüßt es euch also –

                das unerbittliche Monstrum.

Drei nummerierte Bogen mit dem Briefkopf des »Hôtel Great Central, London, N.W.I.«, sechs Seiten.

Brief XXII

⟨London⟩ 17. Juli 1928.

Der Zorn des Monstrums hat sich leicht gelegt, nachdem es, vorgestern, euren Brief erhalten hat. Was ihn umso mehr freut, als er vor Ablauf des Ultimatums eingetroffen ist, was auf spontane Reue hindeutet, die das Monstrum anerkennt.

Der mit feinstem Salz bestreute Brief hat ein weiteres Mal die Ansicht des Monstrums hinsichtlich des Geschicks bestätigt, mit dem der König von Polen[1] die Feder und den Pinsel handhabt: eine Vielseitigkeit, die, im Übrigen, von Lucio übertroffen wird, dessen Gemälde zweifellos die Verse übertreffen, haben sie doch den unerreichbaren Vorteil der Unsichtbarkeit, einen nicht immer von seinen Gedichten und seinen Kompositionen geteilten Vorzug.

Dies vorausgeschickt, muss das Monstrum sagen, wie schmerzlich die traurige Pingeligkeit und die Hinterhältigkeit der an ihn gerichteten Spötteleien in Sachen Mond es berührt haben.
 Diesen Mond hat es konkret gesehen, und die Einwände, die es gegen die gegnerischen Überlegungen erhebt, sind zweifacher Natur, einmal praktischer, einmal wissenschaft-

licher. Vor allem seiner Länge wegen wurde jener Brief nicht in einem Tag verfasst; und es mag sein, dass der Kalender den Neumond am 13. anzeigt, während das Monstrum jenen Satelliten am 10., oder am 9. oder am 15. beobachtet hat.

In zweiter Linie, obschon die Piana[2] der Mittelpunkt der Welt ist und die Gestirne eigens dafür geschaffen wurden, um sich in unwandelbarer Ordnung um sie zu drehen, sollte dennoch eine ganze Reihe astronomischer Phänomene in Betracht gezogen werden aufgrund deren die Mondumlaufbahn nicht in allen Ländern gleich ist. Dazu solltet ihr die Gegebenheiten der Gezeitentabellen in Erwägung ziehen, die beträchtliche Abweichungen zwischen verschiedenen Pegelorten an der gleichen Küste anzeigen und die viel weniger weit voneinander entfernt sind als die dicht mit Olivenbäumen bestandenen Hügel von Capo d'Orlando und die geschäftigen Ufer der Themse.

Wie auch immer, selbst wenn es wahr wäre, wäre das Phänomen eines besonderen Londoner Mondes weniger erstaunlich als das in einem Satz des Briefes angedeutete: »Ich verwende englische Bartseife.«[3] Die Tatsache, dass englische Barthaare auf einer palermischen Schwarte sprießen, ist gewiss erstaunlich, und um sich in Zukunft solche Ärgernisse zu ersparen, rät das Monstrum dem Betreffenden Italienisch zu lernen und in Zukunft zu schreiben: »Ich verwende englische Rasierseife.«

Fulco war nur zwei Tage hier, eigens eingeladen, um an einem von Lady Wimborne[4] für den spanischen König veranstalteten Bankett teilzunehmen.[5] Wodurch sich ein, hoffentlich unbegründeter, Schatten auf jenen hochadeligen Monarchen gelegt hat. Das Monstrum hatte nicht das Ver-

London, Jüdisches Viertel, Markt um 1930

gnügen ihn zu treffen, wohl ist es aber mehrmals Lady Wimborne begegnet, von der es Dinge hat erzählen hören, die niederzuschreiben absolut unmöglich ist und die sogar das Hinterteil des V. P. würden erröten lassen,

Seit zehn Tagen erfreuen wir uns hier ununterbrochenen schönen Wetters. Die Sonne strahlt sechzehn Stunden am Tag, und London hat seine üblichen zarten Farbpaletten von Grünschattierungen, die sich in Braun und über Grau in Silber und in bräunlich abstufende Farbnüancen verwandeln, gegen die blendenden Lichter und die samtenen Schatten einer spanischen Stadt getauscht. Natürlich sterben etliche vortreffliche Engländer an man weiß nicht was für einer Hitze oder ob vor Staunen. Die Zeitungen veröffentlichen Berichte über den Gesundheitszustand der Tiere im Zoo, und offenbar sind die Löwen und die Tiger sehr schlapp von der Hitze, während es den Eisbären prächtig geht. Ein Mandrill ist gestorben. Cirino[6] soll eine Ersatzseele benötigen.

Ein »policeman« ist mit den Füßen auf dem Asphalt der von der Hitze aufgeweichten Straße kleben geblieben. Und, ruggibund,[7] musste er warten, bis man ihn aus den Schuhen zog, damit er gehen konnte. Er wurde gnadenlos fotografiert.

Über seine Mondänitäten schweigt das Monstrum. Es hatte sie ausführlich auf einem Blatt geschildert, das es zerstörte. Die Beliebtheit des Besagten ist grenzenlos.

Vom V. P. hat das Monstrum einen bilderreichen Brief erhalten; anscheinend hat es sich in den Wäldern der Ficuzza[8] einer Art positivistischen Klostergemeinschaft angeschlossen; hinter der sich wahrscheinlich ein Abgrund an Perversionen verbirgt.

Das Monstrum wird London in den ersten Augusttagen verlassen um die erwähnte Reise anzutreten.

Das Monstrum grüßt, weil es müde ist. Es ist 3 Uhr nachmittags; die Hitze ist groß und wäre es auch in Palermo. Im Übrigen kehrt das Monstrum von einem allzu köstlichen Lunch im Claridge's zurück, bei dem es sich allzu gut hat schmecken lassen. Und eine kleine Siesta zwischen einem Band von Belloc[9] und einer Karaffe geeistem Wasser wird ihm sehr guttun.

Das besänftigte Monstrum.

Bitte die Schrift bewundern: Füllfeder Parker Duofold Senior, lapislazulifarben.

Auf Bogen mit dem Briefkopf des »Hôtel Great Central, London N.W.I.«, vier Blätter, acht Seiten.

Brief XXIII

‹Paris August 1928.›

Wie das dem Mutterleib entrissene Neugeborene, mit den gleichen Schreien und den Tränen und einem Blut, das, um metaphorisch zu bleiben, nicht minder heiß ist, trennte sich das Monstrum von dem ihn sanft umhüllenden Schoß seiner Mutter London. Herzfetzen bleiben an allen Baumstämmen, an jedem Haus der geliebten Stadt hängen, und der, einladend heitere, Ärmelkanal wurde vom versteinerten Monstrum überquert. Doch die Picardie, wo die Zwergfichten der Bedrohung des Sandes trotzen, doch Amiens Stein und der skulptierte Rebling, der sich die Arkadenbögen des ehrwürdigen Kirchenschiffs entlangwindet, doch die Bronzegruft der jungen Bischöfe des 12. Jahrhunderts, wo die heiligen Prälaten vom leon'schen Glauben gestützt und unbehelligt von den unflätigen sündigen Bestien (wie sie der glühende Geist des unbekannten Künstlers darstellte) ruhen, doch die Köstlichkeit gewisser reich mit Trüffeln gespickten Entenpasteten, doch die ruhige Sorglosigkeit des französischen Esprits, vermochten zwar nicht den Schmerz zu ersticken, ihn jedoch mit der Patina anderer Erinnerungen zu überziehen, die allein leidenschaftlichen Geistern (dem Monstrum) zu leben erlaubt.

So konnte das Monstrum mit unterdrückter Qual die, vom Hafer in den Talsenken goldene, von den Wäldern auf den Höhen grüne, Ile-de-France durchstreifen, wo sich das Licht besser reflektiert, wo es spärlicher hinfällt und sie mit einem gleichmässig silbernen und diffusen Schimmer überzieht, was ihr eine unvergleichliche Milde und Lieblichkeit verleiht.

In Chantilly verweilte das Monstrum, und Parks sah es und Schlösser und antike Möbel, die Masnata für immer abkühlen würden, und legendäre Diamanten und edle Bernsteine. Und in diesen einsamen, fast bukolischen Landsitzen kann der nachdenkliche Reisende den wertvollen Schatz eleganter Energie würdigen, den die großen Könige Frankreich hinterließen, und die ungebändigte Glut dieser tapferen Rasse in den, überall gegenwärtigen und überall vernarbten, grausamen Spuren des Krieges.

Das Fenster des Monstrums geht auf die Rue de Lille, eine der aristokratischsten des aristokratischen Faubourg. Und gegenüber befindet sich ein Haus, ein »hôtel particulier« (was keineswegs Gasthaus bedeutet, was ihr sicherlich wisst), das die Versteinerung dessen ist, was das Monstrum sich immer unter dem hôtel de Guermantes[1] vorgestellt hat, mit seinen hohen schmalen Fenstern und darüber mit der barocken Rocaille geschmückt und unter der Brüstung mit Schmiedeeisen, mit dem kleinen harmonischen Hof, der von der Straße durch eine mit Balustern versehene Mauer abgetrennt ist. Und das Monstrum glaubt ständig den schmerbäuchigen Charlus[2] am Ende der Straße auftauchen zu sehen, der einer »petite télégraphiste« folgt oder Jupien[3] aufsucht, weil auch hier die ärmlichen Budiken sich gleich neben dem prächtigen Palast befinden.

O sanfte Schönheit des provinziellen Paris, der ruhigen

Straßen, der verzierten Fassaden, der listigen scharfzüngigen Frauenzimmerchen, der phantasievollen Geschäfte! Eine Schönheit, von der viele keine Ahnung haben, viele, die die grell geschminkte kosmopolitische Maske Montmartres mit dem echten Gesicht dieser einmalig liebenswürdigen, ruhigen und bescheiden geschäftigen Stadt verwechseln. Ein Aspekt, den alle großen Künstler wahrzunehmen und wiederzugeben vermochten – wie das Monstrum, Anatole France, Rilke (Aufzeichnungen)[4] und viele Seiten Prousts. Das aber den sterilen Superästheten (Lucio) und den fleischlichen Monstern (Pitruzzo) verschlossen bleibt.

»And so we go on.«

Und ihr, was treibt ihr so? Was für chimärische Ruhmesträume erregen Lucio? (Eines Ruhms, versteht sich, den man ohne das kleinste Dazutun an Genialität, Arbeit, Risiko erlangt.)

An was für kastrierten Illustrationen arbeitet Casimiro?

Und seid ihr noch auf dem Land, den Botschaften des Windes zugewandt, dem Gesang der äolischen Sirenen lauschend, oder hat das titanische Getümmel der strudelnden Stadt wieder von euch Besitz ergriffen?

Die Adresse des Monstrums (der hier einfach »Monsieur G. Tomasi ist«) ist noch immer Hôtel du Louvre – place du Théatre-Français. Weil es nur vorübergehend hier logiert und morgen vielleicht sein schönes Zimmer und seine aristokratische Aussicht verlässt.

Und das Monstrum freut sich immer, Nachrichten von euch zu erhalten –

das einsame Monstrum

Auf Briefpapier des »Hotel Palais D'Orsay« in Paris. Zwei mit 1 und 2 nummerierte Doppelbogen 46 × 58 cm, acht Seiten. Nicht datiert.

Zürich (Datum des Poststempels).

Das Monstrum war seit fünfzehn Jahren nicht mehr in der Schweiz. Keine kurze Spanne des sterblichen Lebens, vor allem wenn man sich vorstellt, dass das Monstrum damals in der ersten (aber vielversprechenden) Blüte seines jugendlichen Alters stand, während es jetzt im vollen Mannesalter steht; und will man die Flut der gesellschaftlichen Umwälzungen in Betracht ziehen, die sich seither über Europa ergossen hat, und was für eine Menge persönlicher Erfahrungen sich seither auf dem Haupt des Monstrums angehäuft und seine Schläfen angegraut und sein Herz in einen verkohlten Holzscheit verwandelt, jedoch seine Intelligenz mit einem Empfindungsvermögen und einer einmaligen Kultur bereichert haben. – [Es ist so; und jeder Zweifel ist Blasphemie] –.

Das eigentliche Resultat einer Schweizerreise besteht viel eher darin, eine Strecke durch die Zeit als durch den Raum zurückzulegen. Man lebt im Vorkriegseuropa, im gemütlichen Europa von 1913. Das Brot ist weiß, luftig, weich und goldbraun gebacken ... wie es einst war; die Zigaretten kosten 35 Rappen je zehn ... so viel, wie sie einst kosteten; nach einer Mahlzeit (einer Monstrum-Mahlzeit, versteht sich) beläuft sich die Rechnung auf 4.30, und wenn du mit einem Trinkgeld auf 5 aufrundest, hält man dich für einen Nabob; die Straßenbahnfahrt kostet 15 Rappen, o Wollust; und ebenso viel kosten die großen, üppigen und exquisiten Törtchen; und wenn das Monstrum seinen Geist laben will, bezahlt es für einen Tauchnitz[1] 2.25 und für einen Kinoplatz (den besten) 2 Lire. Diese Zahlen sind ein bisschen illusorisch, versteht sich; weil der Kurs wacht und dich vom Paradies herunterholt; eine gewisse Vorteilsspanne bleibt jedoch immer; und nicht mit schnöden finanziellen Fragen beschäftigt sich im Übrigen das Monstrum, sondern mit den Reflexen und den psychologischen Spielen.

In der Straßenarchitektur blüht hier der allerneuste deutsche Stil, oder besser gesagt, der assyrische. Und die unbedeutendste Bank weist die grandiose Pracht der Königsresidenz von Ekbatana auf. Was den lackierten Häuschen aus Pappmaché vorzuziehen ist, mit denen sich die palermischen Bauunternehmen brüsten; was der Stadt ein nicht zu gering zu schätzendes wohlhabendes[2] Aussehen verleiht; doch wie auch immer, das Ideal der »Adelskapelle«, das diese Architekten ganz offensichtlich anstreben, wirkt mit der Zeit ziemlich deprimierend.

Das Monstrum flaniert durch die würdevollen Straßen und bewundert die Verkehrspolizisten, die von der Höhe überflüssiger Podeste den Verkehr steuern (oh, wer wird Seine klassische Schlichtheit besingen, die des mehr als menschlichen Londoner »policeman«, der, wenn man ihn nach dem Weg fragt, starr, ungebeugt und trotzig wie vorhin auf seiner Stätte bleibt[3], aber von der Höhe des Mont Blanc aus ein »First right, second left« auf dich, armselige Maus, herabfallen lässt und sich, jedoch ohne Strenge, in hartnäckiges

Schweigen hüllt, das nichts mehr zu brechen vermag, während du dich auf Höhe seiner Gürtelschnalle quälst?); oder die zahllosen Behälter, die für die verschiedensten Abfälle an den Masten der Straßenlampen hängen; oder die weißblauen nach Terpentin duftenden Trams; oder die von »Insel-Verlag«[4] überquellenden Buchhandlungen, für die das Monstrum über kurz oder lang das Gefängnis riskiert!

Doch es gibt auch die alten Straßen, mit »erker«[5] und Spitzdächern, mit steilen Treppen und blauen Traufen (das Ganze sauber, denn es ist ein palermischer Irrtum zu glauben, das Malerische und der Dreck seien untrennbar miteinander verbunden); in diesen Straßen flackert das reformatorische Feuer des nicht eben heiteren Schattens Zwinglis, ein reformatorisches Feuer, das eine noch ausweglosere vorbestimmmende Theologie entwickelte als die Calvins und der Revel[6] (der jeden Grund hat, sich einen unendlich barmherzigen Gott zu wünschen) einen hartnäckigen Hass gelobt hat.

Das Monstrum kann keine Berichte über kulinarische Spezialitäten liefern: Obwohl die Küche im Allgemeinen vorzüglich ist, mangelt ihr ein besonderer Charakter, und der schweizerische Schöpfergeist hat sich nie zu jenen sublimen gastronomischen Inspirationen aufgeschwungen, die den unvergänglichen Ruhm Italiens, Frankreichs und (auf gewisse Weise) auch Deutschlands ausmachen. Wie bei allem gilt hier auch in der Küche ein erleuchteter gesunder Menschenverstand, der jedoch die sublimen Paradoxa der »pasta con le sarde« und des »caneton rouennais«[7] nicht zulässt, triumphierende Siege eines irrationellen Schöpfergeistes gegen die kalten Diktate der Logik.

Das Monstrum reist übermorgen nach Innsbruck, wo es

seine Erzeugerin, eure Tante, treffen wird. Und da ihr mich keines Briefes gewürdigt habt, wird auch das Monstrum schweigen: womit ihr nicht in den Genuss der Fortsetzung dieser instruktiven und vergnüglichen Berichte über das Nachkriegsösterreich kommen werdet, über die bajuwarische Küche, darüber, wie das Monstrum und seine Erzeugerin von der Tiroler Menschenmenge verprügelt werden und über andere vergnügliche und geistreiche Erlebnisse. Sodass ihr euch die Nägel kauen werdet –

das alpine Monstrum –
(das erreichbar ist unter: Post-Anlagernd –
Innsbruck – Österreich).

PS. Das vor ein paar Tagen müßige Monstrum hat sich in Basel von einer Kino-»réclame« verleiten lassen und hat sich einen »film« mit Norma Shearer[8] angesehen.
Entzückendes Geschöpf!
Der »film« an sich war ziemlich dümmlich; obschon ihn das Programm mit elefantöser Anmut als »Ein Lustspiel voll Champagnerlaune«[9] anpreist.

Lucio braucht keine Angst zu haben: sein *Weißes Haus*[10] wird aufbewahrt und wird ihm zurückgegeben.

Morgen wird das Monstrum die Pinakothek[11] besuchen: Sie hängt voller Hodler, der Zürcher war und alles der Stadt vermacht hat.[12]

Im Hotel logiert eine junge Dame, die genau wie Fulco aussieht; was bedeutet, dass sie nicht schön ist. Und dennoch anmutig. Sie sitzt neben dem Monstrum und lacht genau so wie jener illustre Mann.

Meine hochachtungsvollsten Grüße an V. P., wenn es nicht von den wiederauferstandenen Schaben aufgefressen worden ist. Er weiß, dass ich ihn hoch schätze, und wenn er diese Zeilen lesen wird, wünsche ich sehr, dass er nicht vergisst, die zwei Proust-Bände, die *in seinem* Besitz sind, mit allergrößter Sorgfalt aufzubewahren.

Auf Briefpapier des »Hotel Habis-Royal« in Zürich. Zwei nummerierte Bogen, vier Seiten. Der Brief datiert von September 1928.

ered with an introductory sprinkling of words as preamble such as "Maybe," or "It may possibly be," or "Can it not be that," so as to give our fancies the semblance of deep unknowable thought. It is hoped that the following disjointed notes on language may not be open to this criticism, but will be recognized as matters of observation without any attempt at reducing them to the dignity of a treatise.

Language and Thought.—As in the case of most other living and growing things, languages may almost be said to have a life of their own. For languages are used not only to express thoughts, but also to help the mind to think. Moreover, since every one of us must think as best he can, largely by means of the language he knows, it follows that the language we know will help to mould our thoughts; and in this way different languages in different countries, will give rise to different sets of thoughts and different sets of beliefs. Strictly speaking, there is no such thing as an exact translation from one language to another, any more than one oak can exactly match another. The same tones and sounds in different languages, when they happen to be used, as in the case of common loan words for recent inventions, will often suggest different things and various ideas to different peoples. But some of these ideas may be found to be common to several widely different languages. These may be compared to those parts of the root stock in two different oaks, which happen to find the same sort of congenial soil to draw upon. The deeply buried roots may be entirely different in the two oaks, but what they draw from the soil may be the same. Language, therefore, is more than a mere means of expressing thought. For, in a very true sense, "Language doth make the man, as the man doth make the language."

Stated thus baldly, these two propositions may seem like truisms. But when we come to apply them as working rules in interpreting the Chinese language and thus entering into the thoughts of the Chinese people, it will be seen how very necessary it is at every step to be prepared to cast aside a very great proportion of preconceived notions based upon our European thinking, and to gather up in their stead the ideas suggested by Chinese characters, their groupings and their sequences. It will be seen that some Chinese ideas are so different from our own that we shall have to create for ourselves a totally new set of experiences and of images

‹Rom 17 Mai 1929›.

Die Reise des Monstrums verlief inmitten materieller Annehmlichkeiten (wir entdeckten einen sozusagen leeren Wagen) jedoch nicht inmitten glücklicher Gedanken. Im Abteil nebenan war eine junge Frau, die zwischen den Haaren und der Nase einige entfernte Züge der rosalind'schen Schönheit trug, deren Landsmännin sie, übrigens, war. Dies genügte, das Monstrum froh zu stimmen, das in der Folge feststellen musste, dass die rosalindäe Ähnlichkeit sich auf das Äußere beschränkte, war doch dieses äußerst anmutige Kind in Wirklichkeit »une cochonne«, wie die Herzogin Guermantes zu sagen pflegt.[1]

Heute hat hier meine Unterredung mit jung Alice und Gemahl stattgefunden. Sie haben lebhaften und edelmütigen Anteil an unseren Unannehmlichkeiten genommen und haben beschlossen jeglichen Kontakt mit dem notorisch schurkischen Paar[2] abzubrechen, welches auch sie großzügig mit Beschimpfungen und Schmähungen überschüttet hat und dies, wie bei ihnen üblich, nachdem sie finanzielle Unterstützungen erhalten hatten.

Gestern Abend war ich im Senat, um, von einer Tribüne aus, Castellanis Vereidigung beizuwohnen. Er schritt hinter zwei Amtsdienern und von den zwei Paten gefolgt nach vorn, es sah aus, als würde er inmitten des ziemlich düsteren Zuges zum Galgen geführt, stattdessen stieg er zur höchsten Seligkeit empor, hat er doch aus dieser Ernennung grenzenlose kindliche Freude gezogen. Weil er sich in den Kopf gesetzt hat, dass er die Ernennung mir verdankt, überschüttet er mich mit Dankesbezeigungen, die ich mit gemessener Würde annehme. Wegen seines Besuchs bei Lucio wurde bereits sondiert: Er hat spontan geraten, sich für das ärztliche Attest seines Namens zu bedienen (ich hoffe, es ist bereits geschehen) und er wird uns in London mit einem Dauerattest versehen, das er als unantastbar bezeichnet.

Der Senat ist sehr im Stil »Ludwig Philipp«; die Aula von oben bis unten mit Holzintarsien getäfelt und erhebend und ziemlich sauber; und gilt als das interessanteste und am besten unterhaltene archäologische Museum Roms. Von allen Senatoren, glaube ich, würde man höchstens 1000 Hüte einsammeln, dafür aber einen ganzen Wald Krücken und einen Berg Bruchgürtel. Alles in allem macht es den Eindruck eines »super Bellini« und ist umso erstrebenswerter, als die Mitglieder bezahlt werden und nicht Zahlende sind. Die Wahlurnen sind eine exakte Reproduktion jener illustren insignen Stätten, inklusive die rätselhaften zarten und »pompadournen« Farben.

Der Duce war anwesend, gelb wie eine Melone. Lies, wenn du sie findest (Corriere d'Italia, Osservatore Romano, vom 16.), die heftige Rede des Papstes; wirklich bemerkenswert besonders gegen Ende. Sie sind sich bereits in die Haare geraten![3] Schreib mir, bitte, gib mir Nachrichten von euch und von Lucios Angelegenheit.

Herzlich
das Monstrum

Auf Briefpapier des »Hotel Quirinal/Rome«. Zwei Bogen, vier Seiten.

‹Rom› 18. Mai ‹1929›.

Lieber Casimiro,

in einem Brief, den ich gestern von Papà erhalten habe, berichtet er mir, dass du dich immer an Papàs Seite befindest in diesen schmerzlichen »démarches«[1], und ich bin dir sehr dankbar dafür.

Ich möchte aber, dass du ihn und den Anwalt und alle davon überzeugst, dass eine Verwarnung absolut *erforderlich* ist und man darauf beharrt, dass ein Polizeiprotokoll aufgenommen wird, ein *Dokument* also, welches das Verschulden des kriminellen Paares belegt; dass sich nicht alles auf schöne Worte und leere Verwarnungen beschränkt. Während mit einem Polizeiprotokoll und Verwarnung ihre Lage in Zukunft prekär wird.

Kannst Papà sagen, dass auch mein Onkel Torretta[2] dieser Ansicht ist und überzeugt und energisch darauf besteht, dass man ein Polizeiprotokoll in Händen hat.

Herzlich
das Monstrum

Auf Briefpapier des »Hotel Quirinal / Rome«; ein Bogen, zwei Seiten.

1930

Berlin, Verkehrsszene, Siegesallee um 1930

Brief XXVII

‹Berlin 13. August 1930.›

Liebste Tante,[1]

In Berlin zurück, beeile ich mich, dir neue Einzelheiten über meinen Aufenthalt in Litauen zu berichten.

Ich habe dort unglaublich interessante und angenehme Wochen verbracht, wie seit Jahren nicht mehr. Ich möchte auch nicht von der liebenswürdigen Herzlichkeit meiner Gastgeber sprechen, die allein gereicht hätte, meine Anwesenheit auch in einem weniger bezaubernden Land angenehm zu gestalten; aber, eben, vom Land selbst, von den Wäldern, den Seen, den mächtigen Flüssen, dem Gefühl von »coudées franches«[2], die man in jenen grenzenlosen, fast menschenleeren Gegenden hat, verglichen mit diesem alten Europa, in dem man immer zusammengedrängt ist wie in einem überfüllten »Autobus«.

Dir muss ich eigentlich nicht sagen, wie schön Stomersee ist mit den riesigen »pélouses«,[3] den prächtigen Bäumen, dem sanft vom Park zum See abfallenden Hügel. Und die riesigen Alleen, die sich in den Feldern verlieren. All dies hat überhaupt nicht gelitten oder, zumindest, kann ich mir nicht vorstellen, dass es schöner sein könnte, als es jetzt ist;

und alles ist gut unterhalten und gepflegt, und Stomersee ist im Umkreis von vielen und vielen Kilometern das einzige »Gutshaus«,[4] das seinen Glanz zurückerlangt hat oder das zumindest mit dem gebührenden Feingefühl in Stand gehalten wird. Was für Licy[5] Grund für großen und berechtigten Stolz ist.

Im Haus selbst wurden, natürlich, große Änderungen vorgenommen seit dem letzten Mal als du hier warst: und da ich »l'arrangement«[6] von früher nicht kenne, wird es schwierig sein, dir den jetzigen Zustand zu schildern. Die »hall« ist jedenfalls unverändert; wie durch ein echtes Wunder, offenbar, wurden weder die Treppe noch die Holzverkleidung beschädigt. Und in dieser »hall«, genauer in einer »encoignure«[7] links von den Eintretenden, wohnt man nun also.

Links (beim Betreten der »hall«) befindet sich ein Salon mit schönen antiken Möbeln und Bücherregalen. Von dort aus betritt man in ein rundes Arbeitszimmer, das die Form eines Turms übernommen hat. Vom ersten Salon gelangt man in den Raum, der das Musikzimmer war und jetzt Esszimmer ist mit seinen vier Fenstern zum Garten und den ungemein zierlichen Empire-Stukkaturen. Es ist wirklich ein beeindruckender Raum und von großer Eleganz. Dahinter dann das frühere Esszimmer und ein anderer Salon, beide wurden im ursprünglichen zerstörten Zustand belassen, damit die »Erinnerung an die Tage nicht schwindet«.[8] Oben, rechts wenn man die Treppe hinaufgeht, befinden sich die Zimmer von Licy und André[9] (ich habe Licys Arbeitszimmer gesehen mit den schönen Louis-XVI.-Möbeln, der psychoanalytischen Bibliothek und dem Porträt von Freud); links hingegen die Gästezimmer.

Riga, Speicherhaus um 1930

Wir haben etliche Ausflüge gemacht: nach Marienburg mit seinem schönen Park auf der Insel im See, haben, nicht weit vom Dorf Stomersee entfernt, am Ufer eines anderen Sees, den anscheinend auch der Onkel besucht hat, zu Mittag gegessen; und dann haben wir versucht nach Petschow in Estland zu fahren und dort das russische Kloster zu besuchen, doch wir haben es nicht geschafft die Grenze zu passieren, weil das Automobil kein Triptyk[10] besaß, also sind wir nach etlichen Abenteuern am Abend nach Stomersee zurückgekehrt, nachdem wir ein für mich höchst spannendes Rennen durch halb Lettland hinter uns hatten. Wir haben viel an dich, an Onkel und an Lolette[11] gedacht und bedauert, dass nicht auch ihr dabei wart. Die Reise ist sehr angenehm: Man fährt um 9.30 in Berlin ab. Am anderen Tag ist man um 7 in Riga, ohne umsteigen zu müssen und sonstige Unannehmlichkeiten, und erst noch mit ausgezeichneten wagons-lits und »restaurants«.

Ich habe zwei Päckchen russischen Tee für dich und zwei für Lolette, die euch Licy schickt; sie hatte mir auch ein paar russische Zigaretten für Onkel mitgegeben; doch an der Grenze verlangten die Deutschen 50 Mark Einfuhrgebühr! Die Zigaretten kosteten 40! Ich ließ sie daher lieber dort zurück. Onkel wird Verständnis dafür haben und mich entschuldigen. Ich reise morgen nach Dresden, wo ich Nachrichten von Mamà vorfinden werde. Schreibe immer nach Palermo. Herzliche Grüße an Lolette und Biancheri. Ich umarme dich und Onkel, herzlich

Giuseppe

Auf Briefpapier des »Koburger Hof-Berlin N.W.« Zwei nummerierte Bogen, vier Seiten. Im Datum fehlt das Jahr, doch es handelt sich sicher um 1930; Lampedusas Witwe vermutete, er datiere von 1927, und fügte in Klammern das Datum mit einem Ausrufezeichen hinzu. Der Brief gehört nicht zum Fundus der Biblioteca di via Senato in Mailand, ist aber Teil von Lampedusas Briefen im Besitz der Erben.

Berlin, Friedrichstraße, Stadtmitte um 1930

Brief XXVIII

‹Berlin› 13. August 1930.

Als das endlich mit Schlaf gesättigte Monstrum heute Morgen die Treppe hinunterging, um sich mit einem kleinen Imbiss den Bauch zu stärken, wurde ihm dein Brief übergeben. Sodass die köstliche Lektüre von einem köstlichen Bourdon aus Brötchen verschiedenster Form und Konsistenz begleitet wurde, aus verschiedenen Früchten destillierter Marmelade und Milch, die dank der umsichtigen Stadtverwaltung überhaupt nicht entrahmt bis zum Konsumenten gelangt.

Glücklich las das Monstrum, wie voll der guten Nachrichten die bescheidenen von ihm geschickten radiotechnischen Zeitschriften waren, und dies, zusammen mit der Wollust der neuen H. f.-Lampe,[1] ließ sein obschon entwöhntes Herz erschauern. Es findet aber, dass du zu wohlfeil solch wertvolle Mitteilungen Mormino[2] überlassen hast, und wünscht, dass eventuelle weitere geniale Einfälle ersprießlicher ausgebeutet werden.

Das Monstrum wird neue Zeitschriften und Broschüren sammeln; und wird die verlangten Nachforschungen anstellen; fürchtet aber, dass sein Deutsch, das, wie jedermann weiß, ausgesucht rein ist und in der guten Schule Goethes und Kleists geformt wurde das sich in den letzten Wochen zwar mit umgangssprachlichen Wörtern bereichert und die Stufe erreicht hat, die ihm ermöglicht, in privaten Gesprächen »calembourgs«[3] einzufügen (zum Erstaunen der baltischen Baroness, die von der berühmten Mutter die, verfeinerte, Ungläubigkeit gegenüber dem Wissen anderer geerbt hat), im Übrigen aber nicht reicht, einen wissenschaftlichen Gedankenaustausch zu bestreiten.

Schade, dass das Monstrum am 22. zur Eröffnung der Radio-Ausstellung nicht hier sein wird; weil ibidem die Mahd sehr reich gewesen wäre.

Nach der ausgesprochen angenehmen in Litauen verbrachten Woche übt Berlin wieder seinen perversen Charme auf das kosmopolitische Monstrum aus. Anderseits hinterlassen jene riesigen und fast menschenleeren Landschaften, die duftenden finsteren Wälder, die grenzenlosen Horizonte, die sprudelnden, nicht versiegenden blauen Flüsse eine große Wehmut, und man fühlt sich in diesem super-zivilisierten Europa ein bisschen eingeengt wie in einem überladenen Autobus. Eine Wehmut, an der, im Übrigen, die unwahrscheinlichen Konditoreien in Riga nicht unschuldig sind, und gewisse russische Leckerbissen auf der Grundlage von Ente, Sellerie und Blätterteig, die sowohl für das Bäuchlein des Monstrums als auch für seinen dostojesk'schen Geist wichtige Offenbarungen waren. Dieses Wunder heißt »Kuliback«[4] und ich wäre dir dankbar, wenn du es dir verkneifen könntest, obszöne Witze über den Namen zu machen, da es sich um etwas handelt, was des größten Respekts würdig ist.

Sein quasi-russischer Aufenthalt war im Übrigen nicht rein gastronomisch: und das Monstrum hat sich in diesen Wochen einige noble und äußerst nützliche Künste ange-

Riga, Schwarzhäupterhaus, um 1930

eignet, die der Daktylografie und die des Tanzens, für dieselben er unerwartete Begabungen gezeigt hat; und es hat die Grundlagen für die Kenntnis der russischen Sprache gelegt, und es wird es sich angelegen sein lassen, sie in privatem Studium weiterzuentwickeln.

Deine Studie über Vatheks Charakter[5] ist interessant und präzise; und in allem deiner inzwischen nunmehr allgemein bekannten Geistesschärfe würdig: Es stimmt, dass der tragische Teil des Buchs sich ganz auf die Mutter bezieht (und auch dieser mangelt es jeweils nicht an grotesken Zügen: Erinnere dich an das Essen mit den Larven auf dem Friedhof); man sollte nicht vergessen, dass Beckford[6] ein Schriftsteller des 18. Jahrhunderts ist und er daher dies alles mit einer überlegenen Ironie betrachtet.

Die vielen vom immer wachsamen Blick des Monstrums vermerkten Szenen und seine aufregenden Abenteuer längs der verschiedenen polnischen, estnischen und sowjetischen Grenzen werden an den langen Winterabenden Gegenstand ausführlicher und dramatischer, von deinem Petofunken[7] begleiteter, Berichte sein.

Das Monstrum geht aus: Um Botticellis Illustrationen für die Divina Commedia anzusehen und auch, um in den verschiedenen »Radio-Geschäften« Gespräche anzuknüpfen.

Und Lucio? Ich weiß, dass er mit Ferro[8] techtelmechtelt. Beste Empfehlungen an die Tante und Giovanna. Sagt Kiki[9], dass ich beschlossen habe, sie im Winter mit exzellenter russischer Sauce aus Heringen und Tomaten zu verspeisen. Alles Gute. Das abenteuerlustige Monstrum.

Beste Grüße an Gutierrez,[10] an Sciara,[11] an Mormino und an Clara.[12] Auch an Ing. Pagano.[13] Und an das V. P., wenn es noch existiert.

Empfehlungen an Pintacuda.[14]

Das Monstrum hat zwischen Riga und der sowjetischen Grenze in einem litauischen Speisewagen ausgezeichnete Spaghetti mit Schinken gegessen. Sie sind nunmehr international. *Laus nobis!*[15]

Antworten Hôtel Roter-Hahn:
München

Auf Briefpapier des Hotel »Koburger Hof-Berlin N. W.«. Zwei nummerierte Bogen, vier Seiten.
Die Grüße an Pintacuda und das kulinarische Postskriptum sind, in einem doppelten mit der Feder gezeichneten Quadrat, oben rechts auf der Vorderseite des zweiten Bogens hinzugefügt.
Die neue Adresse ist, schräg, auf der Rückseite des zweiten Bogens geschrieben.

#

(Datum unbestimmt – mit Unterbrechungen geschrieben)

In vergangenen Zeiten hätte das Monstrum in seinem Brief über die Dürer in Nürnberg berichtet oder über den schlicht wunderbaren Watteau in der Alte-Galerie oder über die Manet, Cézanne und Renoir, Menzel und v. Marées, die in dieser Neue-Galerie mit einer an Wahnsinn grenzenden Verschwendungssucht ausgestellt sind. Es hätte vielleicht auch die reizenden Adlernäschen der Nürnbergerinnen erwähnt und die wirklich weltstädtischen Beine der »Berliner Kinde«.[1]

O weh! nicht doch! das Radio ersetzt dir jetzt die Malerei und den Geliebten; skizzierst keine anderen Linien mehr außer den schlanken (abgeschirmten, versteht sich) der Elektronenröhren, und man sagt, dass du dich keineswegs keuschen Umarmungen mit jenen edlen, in der Tiefe des Geräts leuchtenden, Kupferröhren hingibst.

Radio, also. Der gute Wille wird die Unwissenheit entschuldigen. Die Geschäfte dieser sympathischen Erfindung sind in Deutschland etwa so zahlreich wie bei uns die Tabakläden. Jedoch, eher in der Provinz als hier in Berlin. Im Übrigen hat jedes »grand Magasin« seine riesige »Radio-Abteilung[2]«. Einige dieser Geschäfte sind sehr geschmackvoll und unglaublich luxuriös eingerichtet; es gibt hier eines ganz aus Mattgold mit verborgenen orangen Lampen, was eine wahrer Genuss ist... für die Augen. Man sieht, dass der gute Di Leo[3] sich nicht eingemischt hat, als es um die Einrichtung ging. Keine Ladentische, sondern von innen beleuchtete Kristallwürfel tragen die massigen drohenden Riesenbiester. Ein Tempel fürwahr, ein Tempel voller göttlicher Aura und Stille. Ja, Stille. Weil die Geräte mit bewundernswerter Umsicht in separaten gepolsterten Räumen ausprobiert werden, so wird das Kratzen des einen nicht von den piriti[4] des anderen gestört. Zudem, eine weise Verordnung der Stadtverwaltung verbietet Lautsprecher in öffentlichen Straßen.

Nun die Geräte. Vor allem, seit einer Woche, da ich hier bin, habe ich es nicht geschafft ein einziges nicht deutsches zu sehen. Die nationale Produktion absorbiert den ganzen Markt, Telefunken an der Spitze. Dann sieht man hier eindeutig weit weniger große und mächtige Geräte als bei uns. Es herrschen unumschränkt die Apparate zwischen 100 und 200 Mark. Ich glaube, das Radio hat hier, sagen wir es einmal so, das »aristokratische« Stadium überschritten, was bei uns noch nicht der Fall ist, und ist zum Volk hinabgestiegen oder fast. Also genau wie bei den Automobilen hier und in England. Dies ist vielleicht auch auf das dichte Netz guter Sender zurückzuführen.

Eine andere Feststellung ist, dass das Radio in keiner Weise die Kaffeehausorchester ersetzt hat. Ob Café, Restaurant oder Konditorei, alle haben hier ein eigenes Orchester, immer ein gutes und oft mehrere; nicht wenige mehrstöckige Lokale haben drei oder vier. Ich habe nie ein Radio in einem Café gehört. Nicht etwa aus lukrativen Gründen, weil es hier den italienischen »Zuschlag für das Orchester« nicht gibt. Hingegen bin ich in einem Café gewesen (Trumpf), von dem aus gesendet wurde, und ich versuche dir eine Vorstellung davon zu geben, damit du, zuhörend, es mit den Augen miterleben kannst.

Ein Saal so groß wie das Dach des Palermer Bahnhofs. Jedoch von geschickt geplanten Treppen, Etagen und Zwischenetagen unterteilt, um die Vorstellung von maßloser Größe zu vermeiden. Bis auf Manneshöhe mit grünem, rot geädertem Marmor verkleidet, darüber eine Wachsmalerei in einem helleren goldpaillettierten Grün. Decke in schlichtem Gold gehalten. Darum herum eine Arkade aus ebenfalls grünen Holzsäulen. Nebukadnezars Speisesaal. In der Mitte eine leere Fläche für die tanzenden Paare. Eine Wand ganz aus Glas zeigt den Kurfürstendamm, die Myriaden Lichter, den infernalischen Verkehr und den unbeschreiblichen Regen. In einer Ecke, das Orchester, mit Mikrofon auf der Nase: 15 Männer und Frauen, als Kontrast zur Erhabenheit des Saals in pfirsichfarbenem Hemd, weichem Kragen, schwarzem Schlips und »champagnerfarbener« Hose (oder Rock). Sie spielen wunderbar: eine runde, warme und schmelzende Tonalität: mindestens zweimal abends die »Blaue Donau«. Nach jedem Stück Begeisterung und Applaus. Manchmal singt der Cellist (ja, der Cellist persönlich) ohne aufzustehen mit Baritonstimme ganz kurze Strophen; die große Sensation zur Zeit: »Ich bin ganz für Liebe aufgemacht«.[5] Das Publikum »jauchzt, jubelt, klappert, wird tollwütig«.[6] Er bedankt sich nicht einmal: wiederholt.

(Ich mache dich darauf aufmerksam, dass es große Mode ist, das Stück zu unterbrechen und von den Violinen Vogelstimmen imitieren zu lassen, die du, dort unten auf der Insel des Feuers, für Nachtigallen hältst.) Dies alles dauert bis um 3, doch das Monstrum macht Schluss, es fährt circa eine halbe Stunde mit dem Autobus und geht nach Hause.

Alles ist groß in diesem Kaffeehaus: die Gesichter der Stammgäste sind »bagghi«,[7] die Hinterteile ihrer Begleiterinnen Berge; sie ziehen Zigarrenetuis so groß wie Koffer hervor und entnehmen ihnen Zigarren (»wurzige Stumpe«)[8], die aussehen wie Schirme; der »schoppe« Bier[9] ist ein Ozean, und Schokoladetorten-Stücke sind von Sahnewogen gepeitschte Leuchttürme. Was die Menschen hier essen, ist erschreckend: Sie tun nichts anderes, könnte man meinen; und wenn man sie essen sieht, schätzt man ihren Heldenmut, der sie in den vier Jahren Blockade und Hunger hat durchhalten lassen.

Doch auch die Unzucht ist groß. Ich spreche nicht von den zahllosen Nüttchen, die sich wie überall auf der Welt (mit der *einzigen* Ausnahme Palermo) auf den Gehsteigen und in den Kaffeehäusern herumtreiben, jedoch von den allzu geschniegelten und allzu glatt rasierten Jüngelchen, die schmachtend an den Ecktischchen sitzen, bis ein alter fetter Herr mit rot angelaufenem Gesicht und glubschenden Augen sich entscheidet, etwas auf die Rückseite der Rechnung zu schreiben (was, o Numen?) und sie vom Kellner einem von ihnen überbringen zu lassen. Worauf sich die beiden an den gleichen Tisch setzen, und nach zehn Minuten gehen sie zusammen hinaus. Es handelt sich um ein ganz gewöhnliches respektierliches und banales Kaffeehaus, von äußerst würdigen alten Damen besucht und von vollzähligen Familien mit kleinen Jungen, kleinen Mädchen und Hausmädchen.

Und erst die Magazine mit Aktbildern an jeder Straßenecke! Und nicht etwa Kunstmagazine, weil alle richtigen Geschäfte und die seriösesten Kioske sie nicht führen, und dann (soviel ich weiß) gibt es keine Kunst, die reicht, um eine ganze Ausgabe von »Körpern«[10] zu rechtfertigen, die dem »Menschliches Organ«[11] gewidmet ist.

Es hilft alles nichts, es ist ein großes Land, und der Eifer, mit dem sie bei jeder ihrer Aktivitäten eine Höchstleistung anstreben, der Wunsch nach dem Absoluten, der sie bei all ihrem Tun beseelt, sind echter Hochachtung würdig.

Dann gibt es schattige Parkanlagen, die schönen, streng ausgerichteten Straßen von Berlin-Friedrichstadt, die Anmut von Sans-Souci, die Buchhandlungen mit vier Etagen, den Landwehrkanal, in dem man jede Woche eine zerstückelte Leiche findet, 112 Flüge täglich, eine unglaubliche Lebensfermentation: In zehn Jahren, glaube ich, werden die Deutschen allen Nationen eine Visitenkarte von einem Kellner überbringen lassen …

Brauche ich noch zu sagen, dass sich das Monstrum fühlt wie ein Fisch im Wasser? Niemand spürt das »Grosstadt Pathos«[12] intensiver; wenn es abends mit der Bahn nach Hause fährt, die streckenweise erhöht ist wie in New-York, sieht es unter sich Kilometer leerer, vom Regen überfluteter Straßen mit den endlos aneinander gereihten Lampen und hin und wieder einen Rangierbahnhof mit seinem Schienengewirr und den grünen, roten und weißen Lichtern, schmerzliche Empfindungen, »poignantes«[13] und unendlich angenehm, und es spürt eine Bitterkeit, die hundert böcklin'sche Sonnenuntergänge nicht in ihm wecken würden. Dies ist der wahre Romantizismus von heute!

Und die Bahnarbeiter mit ihren regenglänzenden Lederjacken, und das ständige Rollen der Züge, und die sublime Menschenmenge der Weltstädte, in der für den, der schauen will; und es denkt, dass jedes Gesicht ein Gedicht von Leiden und Unbehagen ist, ein einzigartiges Leiden und Unbehagen von einer Beschaffenheit, die die Geschichte bisher nicht kannte.

Ich muss sagen, dass keine Stadt, die ich kenne, eindeutiger, grausamer Weltstadt ist. Verschwunden die französische Heiterkeit von Paris, die Schlichtheit Londons, es bleiben die harten Linien des gigantischen Gebildes. Nichts ist härter als diese Stadt, auch wenn sie dich bei jedem Schritt mit den lachenden Augen frischer junger Mädchen anblickt.

Und die Typen, die kauzigen Typen! Die Straßenfeger mit der Gelehrtenbrille, die fetten Zeitungsverkäuferinnen mit den an den Rock gehefteten Zeitungen, die »schupo«[14], starr wie Statuen inmitten der Sintflut. Und vor allem eine Art Armee höchst sonderbarer Männer; überall verteilt, deren Aussehen an Karikaturen von Giosuè Carducci[15] erinnert und die überall stumm herumstehen, ohne einer besonderen Beschäftigung nachzugehen? Wer sind sie? Bolschewistische Spione, eine seltene Unterspezies Päderasten, Figuranten für eine Haarwasser-»réclame«?[16]

Das Monstrum reist jetzt nach Norden weiter. Doch seine Adresse bleibt hier: seine lange Mühe erfordert eine Antwort. Ich hoffe, dass die angelegten Zeitschriften und Karten dazu beitragen, dein Ansehen bei Barba,[17] bei Leo[18] und Mormino noch zu heben. Welchem Mormino samt miteingeschlossener Clara das Monstrum seine Ehrerbietung bezeigt –

das Berliner Monstrum

[Ich habe die Juden vergessen, die ein Kapitel wert wären. Aber ich glaube, dass ich in Litauen originellere finden werde.]

Auf Briefpapier des »Koburger Hof-Berlin N.W.« Vier nummerierte Bogen, acht Seiten. Der Brief aus Berlin lässt sich mit September 1930 datieren.
 Der Nachsatz ist auf der Rückseite des vierten Bogens hinzugefügt und mit einem Federstrich abgegrenzt.

Anhang

Blick über Palermo um 1938

Brief 1

(von Beatrice Lampedusa an ihren Sohn in London)

Palermo. 28. Juni. ‹1926›

Pony, mein innigst geliebter. Ich habe gestern, deinen Brief vom 23. erhalten.

Die Schilderung der »Sardinian dwarf donkeys«[1] hat mich gerührt. Ich habe nicht daran gezweifelt, dass sie Furore machen würden. Seit wann beklagen sich die gewöhnlichen Engländer darüber, so schöne Augen zu haben! »Sweet little things!«[2] Sie jedoch im »drawing room«[3] zu haben war tatsächlich fast der Fall, weil »ta mère« es bis dorthin geschafft hat. Wie auch immer, ihre Zukunft in England ist gesichert, und sie werden die Ponys ersetzen.

Hier haben sich die Festlichkeiten für den Prinzen[4] in nachstehender Reihenfolge abgespielt. Am ersten Abend Galadiner und Empfang im Rathaus. Der Platz war schön beleuchtet, das heißt, der Brunnen[5], von dem die ganze Zeichnung samt Lämpchen folgt.

War ganz nett! charakteristische spanische Stimmung. Die Nonnen von S. Caterina hinter den goldenen Gittern des Klosters. Am folgenden Abend sieht man sie bei Clementina.[6] Ich hoffte auf Glanz und Auffrischungen – sie haben nicht einmal eine zusätzliche Lampe im Treppenhaus aufgehängt; den jahrhundertealten Geiz auszumerzen vermochte nicht einmal der Thronfolger! Scheint's hat Clementina nicht mit originellen Äußerungen und Einfällen gespart.[7] Am letzten Tag Déjeuner bei Trabia. Im gelben Ballsaal – ein Ehrentisch – und vier Tische in den Ecken. Es soll wirklich ein Wunder an Erlesenheit und Prunk gewesen sein.

Der Ppe war so bezaubert, dass der König sich verpflichtet fühlte, dem Senator[8] ein Telegramm zu schicken. Ich vermute, der Ppe hat sich wehmütig gedacht, dass Jolanda lieber Giuseppe[9] geheiratet hätte. Das alte Florische[10] Monument lud dann in die Villa Igea zum Tee, und gleich anschließend intimes Diner bei Gangi – es waren nur 20 zum Dinner geladen und ebenso viele anschließend. Das eine wie das andere nichts Besonderes. Im Grunde wurde Giulia Gangi[11] von Clementina versetzt und ein curtig-Versuch[12] wurde im Keim erstickt, zumindest vorläufig.

Am Mittwoch fand die Hochzeit Scaletta-Bordonaro[13] statt – nach dem kürzlich erfolgten Tod von Vater Bissana[14], einem Onkel ersten Grades des Bräutigams. Doch es wurde nicht darüber gesprochen – alles verschoben, bis das Brautpaar bereits auf hoher See war.

San Marco[15] und Oddo[16] sind mit dem Flugzeug bis nach Rom gereist, und der eine wird nun Amundsen,[17] der andere De Pinedo[18] genannt. Papà wird einen Beitrag mit Einzelheiten schicken.

Ich beglückwünsche mich zur erfolgreichen Kur.

Aus Aix hat man mir geantwortet. Die Bedingungen sind gut – eine Pension zu 60 frs – 66 – mit den Zuschlägen, das würde vorläufig Lire it. 46 betragen. Im International. Papà selbst hat es empfohlen.

Ich grüße Onkel und Tante[19] herzl. – dir tausend Küsschen aus einem Schweizer Sanat; wo sich Beatrice befindet.

Cocòs[20] Frau musste »sich befreien«[21] – brave Amerik., wird mit dem Flugzeug reisen.

Trabia musste der Ästhetik zuliebe *alle* einladen, Faschisten, Christen, Radikale, Liberale und Freimaurer.
Deine Einladung wurde abgeschickt.

Dieser »eigenwillige« Brief gehört nicht zum Fundus der Biblioteca die via Senato in Mailand, sondern ist Bestandteil der von den Erben aufbewahrten Briefe.
Zwei Doppelbogen im Format 46 × 58 cm.
Die hinzugefügten Sätze verlaufen längs der Ränder um den Satzspiegel der beschriebenen Seiten.

In einem Brief von 1929 an ihre Nichte Giovanna Piccolo schreibt Beatrice Lampedusa: »[…] Mein Pony schreibt mir nach wie vor begeistert aus London, er war wie jedes Jahr bei den Windhundrennen, die Furore gemacht haben, da sie sich immer wie echte Rennpferde verhalten […]« (in Franco Valenti, *I Misteri del Gattopardo*, Nicola Calabria Editore, Patti 2000, S. 179).

Brief II

‹Palermo› 16. Oktober 1938.

Liebste Tante,

genau in dem Moment, als ich unser Glückwunschtelegramm abschicken ließ, wurde mir dein Brief übergeben.

Ich glaube, der gute Riccobono[1] hat etwas übertrieben; Mamà ernährt sich ordentlich, sie geht aus, sie beschäftigt sich und ist fröhlich; aber natürlich ist sie nicht mehr in dem blühenden Zustand, in dem sie sich vor drei Monaten befand. Vor allem wegen der immer wieder auftretenden Entzündungen im Mund (Aften), die sehr lästig sind und sie verdrießen.

Sie hat schon verschiedene Mittel versucht mit unterschiedlichem Resultat, sie will aber um keinen Preis einen Arzt konsultieren; im Übrigen sagt sie, sie hätte nur zu Coniglio[2] Vertrauen.

Es lässt sich, natürlich, nicht leugnen, dass ein paar Tage auf dem Land, an der guten Luft und in guter Gesellschaft, ihr sehr gut täten; und sie hat oft davon gesprochen. Und es wäre auch eine Gelegenheit Coniglio zu konsultieren.

Doch ich wiederhole, es handelt sich in keiner Weise um eine im entferntesten Besorgnis erregende Situation; und sie ist sich sehr wohl der schmerzlichen Momente bewusst, die ihr durchgemacht habt.

Jedenfalls, wenn es euch möglich ist, würde sie sich über eine Einladung sehr freuen und würde bestimmt kommen. Auch ich, obwohl dankend und nichts sehnlicher wünschend, könnte nur für ein »Wochenende«.

Du müsstest aber direkt an Mamà schreiben, weil ich ihr, verständlicherweise, deinen Brief nicht zeigen und ihr auch nicht sagen kann, dass du mir geschrieben hast: Sie würde sich aufregen und vor allem hätte der arme Riccobono eine unverdiente Feindseligkeit zu gewärtigen!

Ende September haben wir wie alle von großer Sorge erfüllte Tage verbracht; für mich noch schlimmere, wenn du dir vorstellst, dass Licy sich weit weg von allem auf dem Land befand (und sich immer noch befindet) und außerstande zu reisen.

Zum Glück erholt sie sich langsam, und wir hoffen, dass sie in ein paar Tagen die Rückreise antreten kann.

Ich werde in Kürze Lucio schreiben und ihm für die gut getroffene Fotografie danken.

Ich bin sehr froh zu erfahren, dass eure Angelegenheiten auf gutem Weg zu einer glücklichen Lösung sind; der arme Rosenstingl[3] hat sein Möglichstes getan, aber die politischen Umstände waren nachteilig für ihn. Dennoch hat er nicht jegliche Hoffnung aufgegeben, es doch zu schaffen.

In Erwartung guter Nachrichten und dir sehr für die liebevolle Fürsorge dankend, sende ich dir und allen meine herzlichsten Grüße

Giuseppe.

Zwei Doppelbogen Format 46 × 58, sechs Seiten. Das Datum ist unterstrichen.

Dieser an seine Tante Teresa Piccolo adressierte Brief gehört zum Fundus der Biblioteca di via Senato in Mailand.

Roman eines Reisenden

>*»Voici des détails de ménage; mais, je le crains, je vais passer pour un monstre.«*
>Stendhal, *Mémoires d'un Touriste*, 1838[1]

>*»Molto divertente, principe, davvero spassoso! Lei dovrebbe scrivere dei romanzi, racconta così bene queste frottole!«*
>Giuseppe Tomasi di Lampedusa,
>*Il Gattopardo*, 1958[2]

Im Frühjahr 1967 besuchte ein Fernsehteam die magische Villa der Piccolo in Capo d'Orlando: dort, wo man, laut Montale, immer noch das Horn des Paladins Orlando widerhallen hörte. Die drei Geschwister Piccolo waren einmalig exzentrisch. Sie träumten davon, in Agata, Giovannas verzaubertem Garten Salamander zu züchten, schwirrende Feen, Luftgeister, Kobolde und Wichtel mit Zuckerhutmützen, Gnomen und Gnomiden: Sie hätten sie gern wie Blumen zwischen den raschelnden, üppig blühenden Beeten und den meergeschwängerten Winden ausgesät. Lucio, der Dichter und »Musiker«, war »Okkultist«: Er verkehrte mit den jaulenden Seelen der an die Tür klopfenden verstorbenen Hunde, während Casimiro, der Maler, sich mit den

Geistern alter Hexer mit spitzem Hut und sternenfunkelndem Zauberstab unterhielt. Im Haus dösten tagsüber die Ektoplasmen in ihren schaukelnden Spinnennetzwiegen, bis es Zeit war aufzuwachen und sich exhibitionistisch und harmlos in Pose zu setzen; bereit, sich – stolz auf ihre phosphoreszierende Geister-Lumineszenz – im Dunkeln von Lucio fotografieren zu lassen. Die Piccolo gingen mit dem Märchenhaften und dem Magischen mit der größten Selbstverständlichkeit um, als handelte es sich um das Natürlichste auf der Welt. Sie begegneten den okkulten Wesen mit Vertrautheit und Zärtlichkeit, mit Respekt und Ehrfurcht. Obwohl sie in einer ländlichen Gegend Siziliens wohnten, waren sie hochgebildet und polyglott und hatten Unmengen Bücher über die verschiedensten Themen gelesen. Kurz, sie waren absolute Monarchen ihres schimärischen Reichs. Wie im Irland von Yeats *Märchen*, waren auch in der Piana der Barone di Calanovella die Poesie und die Malerei mit der Magie verbunden.

Vanni Ronsisvalle überraschte Lucio Piccolo, wie er rittlings auf einer mit Eisenbeschlägen versehenen Barocktruhe saß, doch er ließ sich nicht aus der Fassung bringen. In jener mit unzähligen Schlössern versehenen Truhe bewahrte er die »sehr privaten« Briefe auf, die Giuseppe Tomasi di Lampedusa seinen Cousins von seinen Auslandsreisen geschrieben hatte. Und er meinte: »Eines Tages wird sie jemand lesen und größtes Vergnügen daran haben.«

Im Fernsehgespräch mit Ronsisvalle kam Lucio Piccolo wieder auf die Briefe zurück. »Ich habe kürzlich – aber das dürfen Sie nicht erwähnen – Lampedusas sehr aufschlussreiche Briefe gefunden, die er in einem Zeitraum von zwanzig Jahren an mich und an meinen Bruder geschrieben hat,

Briefe aus England, aus Deutschland ... einige sind echte literarische Skizzen im Stil von Chesterton um 1926, 27 ... 30 ... 31 ... Ich kann sie nicht veröffentlichen ... weil die Fürstin Lampedusas Erbin ist und ich mich mit der Fürstin einigen müsste, also ziehe ich es vor, sie vorläufig aufzubewahren ... Ich werde sie in Solicchiata aufbewahren, ja, ich werde sie dort aufbewahren.« Lampedusas lettische Witwe war für die Piccolo eine baltische Bärin: imposant und struppig und umso furchteinflößender, als sie in den berühmtesten Arenen der Psychoanalyse dressiert worden war.

Lucio hatte die Briefe ein Jahr zuvor wiederentdeckt. Und wollte sie veröffentlichen. Er hatte an Antonio Pizzuto geschrieben: »Ich habe eine Anzahl Briefe von Lampedusa wiedergefunden und zusammengestellt, sie wurden vor Jahren geschrieben – aus London usw. – sehr humorvoll – einige privaten Charakters, andere echte literarische Skizzen – Skizzen reinster chesterton'scher Atmosphäre. Was meinst du? Könnte sich eine Illustrierte dafür interessieren – Zeitung oder Magazin? Ich muss sie abtippen lassen.« Pizzuto meinte, das wäre etwas für die Zeitschrift *L'Approdo letterario*. Und er beriet sich mit Contini und mit Vanni Scheiwiller. Die Briefe wurden sofort zu »den Lampedusa«: einem einmaligen »Leckerbissen« für eine Zeitschrift. Doch Piccolo meldete Bedenken an. Pizzuto hatte ihn aufhorchen lassen. Er hatte ihm nämlich vorgeschlagen, vorsorglich eine Genehmigung von der Fürstin Lampedusa einzuholen. Nach drei Monaten Grübeln verzichtete Lucio schließlich auf das Projekt. Am 1. März 1967 schrieb er an Pizzuto: »Teuerster, was Lampedusas Briefe angeht, so bin ich inzwischen endgültig von der Idee abgerückt, sie zu veröffentlichen; es handelt sich zum großen Teil um Scherze und Verspottungen von

Persönlichkeiten aus jener Zeit, oder dann handeln sie von Familienangelegenheiten. Die wenigen publizierbaren Briefe würden sich auf die echten literarischen Skizzen beschränken. Im Übrigen, laut Nachfrage bei juristisch kompetenten Personen, wäre es mir nicht möglich, sie ohne Absprache mit der Witwe und ihrer Einwilligung zu veröffentlichen. Nun macht dies aber die Sache völlig unmöglich. Die Dame hat einen schlechten Charakter, und wir wollen absolut nichts mit ihr zu tun haben. Die Briefe werden also romantisch in einem soliden Möbel aufbewahrt, in einem Haus, das wir an der Fiumara von Naso besitzen – dort, wo die große elektrische Ölpresse steht. Ein sehr suggestives *spiritistisches* Haus. Der zukünftige Erbe der ›Picioliti‹ (so nennt man uns in Ficarra) wird dann die Sache an die Hand nehmen.«

In Solicchiata verließ sich Lucio Piccolo auf die Feen, die das »spiritistische« Haus bewohnten. Sie würden dafür sorgen, dass den Briefen nichts zustößt. Mit ihren magischen Kräften würden sie Neugierige, Diebe und Räuber von ihrem Vorhaben abhalten. Niemals würden sie das Aufbrechen des massiven »Möbels« zulassen. Lieber hätten sich die Feen darin verbarrikadiert. Piccolos Vertrauen war rührend. Und wurde nicht belohnt. Die Briefe gingen verloren, ja, ihr Vorhandensein wurde sogar in Zweifel gezogen. Doch sie wurden schließlich dank einer glücklichen Fügung wiedergefunden. Vor dem Vergessen, vor geheimnisvoller Zauberei, vor frevlerischen Händen gerettet. Und werden heute in der Bibliothek di via Senato in Mailand aufbewahrt.

Piccolo war der Ansicht, dass sich nur »wenige« Briefe für die Veröffentlichung eigneten. Nach Sicherstellung der privaten, der impertinenten, der sarkastischen oder der veralbernden, wollte er nur die »literarischen Skizzen« zum

Druck freigeben. Tomasi hatte sie seinem Lieblingsautor Chesterton entliehen, den er durch die Literaturzeitschrift *La Ronda* kennen und schätzen gelernt hatte, als Emilio Checchi zwischen 1921 und 1922 seine Übersetzungen von *Manalive* [dt. *Menschenskind*] in Fortsetzungen veröffentlichte. Auch wenn Piccolos Bedenken verständlich waren: Durch das »Ausschneiden« wäre auch der, von Stendhals *Mémoires d'un Touriste* inspirierte stilistische Faden, zerschnitten worden: »Die Anekdoten sind natürlich der lebendigste Teil [...] und werden mit der alten Meisterschaft erzählt«, stellt Lampedusa in seinen Lektionen über die französische Literatur fest.

Doch vielleicht wollte Piccolo schlicht die ihn betreffenden Briefe nicht der Öffentlichkeit preisgeben. Aus seinen Erklärungen hört man einen unterschwelligen Groll heraus, ein Schmollen, ein leises Nachtragen. Lucio hatte den Cousin manchmal auf seinen Reisen begleitet: »Meine Reise nach London mit Lampedusa fand – wenn ich nicht irre – 30 oder 31 statt, vielleicht war es auch 29, ich erinnere mich nicht mehr... Wie auch immer, sie entbehrte nicht einer gewissen Farbigkeit, weil Lampedusa ein Possenreißer war; vor allem ich war Zielscheibe seiner nachsichtigen Sarkasmen: Er hatte sich eindeutig in den Kopf gesetzt, aus mir die Karikatur des jungen Provinzlers zu machen... Es gelang ihm natürlich nicht, weil ›Monsieur‹ möglichst versuchte, seinen Sticheleien zuvorzukommen.« Auch in den Briefen zielt Lampedusas Spott hartnäckig und mit ruhiger Infamie auf Lucio. In der Komödie, die der Cousin ironisch über ihn improvisiert, ist Lucio die Maske von *Lucien de Calenouvelle, chevalier*; der pedantische Grammatiker – »Grammatica« mit ungenügenden Sprachkenntnissen; der sündige Dichter, hin und her gerissen zwischen den muskelprotzenden Hafenarbeitern und der adeligen Abgehobenheit der Ästheten. Ja, Lampedusa geht so weit, sich eine sensationelle bibliografische Entdeckung zuzuschreiben: Zwischen dem Schund eines *bouquiniste* hat er eine englische Schmähschrift aus dem frühen 16. Jahrhundert entdeckt, die über die berühmten Liebschaften von Lucius of Newport und dem »Ästheten« Faulkes berichtet, alias Duca di Verdura und Marquis Murata la Cerda, ihrem Cousin 2. Grades. Lucio konnte der »ironisch-humorvollen Verfolgung« durch die Briefe den literarischen Scherzen nicht entfliehen. Lampedusa war unverbesserlich. Und er war ein schamloser Verhöhner der magischen Causa der Cousins und ihrer okkultistischen Vorstellungen, auf die Tomasi in seinen Briefen immer wieder anspielt; ganz nebenbei, indirekt, ja fast widerstrebend: Er prahlt, er frequentiere düstere gotische Schlösser, in denen es unmöglich nicht spuken kann. Also erklärt er, keine suspekten Anwesenheiten verspürt zu haben. Er ist keinen Gespenstern begegnet. Er hat nicht einmal einen vom Wind bewegten Lakenfetzen gesehen, »ein auf seinen Socken sitzendes Gespenst am Fußende des Bettes«. Und droht zu alledem mit Strafpredigten an den langen Winterabenden. Einen Stachel im Fleisch entfernt sich Lucio dennoch: Vor der Fernsehkamera stellte er richtig: »Lampedusa war oft in London, sein Onkel war damals dort Botschafter, und daher war er oft ... ja, er ging sehr oft nach London. Er wurde in jene englischen Schlösser eingeladen, die bekanntlich von Gespenstern bevölkert sind, an die er nicht zu glauben behauptete, ich bin jedoch überzeugt, dass er trotzdem Angst hatte; wie auch immer, die Furcht war eine konkrete Tatsache, unabhängig von der Wirklichkeit oder den Erscheinungen ... den romantischen Erscheinungen in den Schlössern von Wales und Schottland.« Die Wahrheit war wiederhergestellt.

Casimiro hingegen ist Komplize und mimt scheinheilig das gute Einvernehmen zwischen ihm und dem Briefeschreiber. Der malende Cousin bestellt beim »Touristen« Ansichtskarten und Fotografien der Glasfenster und der ornamentalen Motive der gotischen Kathedralen. Er ist ein Malermagier, ein Alchemist, er interessiert sich für die Körperlichkeit der steinernen Wahnvorstellungen und der Epiphanien von Licht und Glas. Und Lampedusa ermuntert ihn. Mit luzider Ungezwungenheit jedoch. Er schreibt, er habe im allegorischen »Monstrum« an einer gotischen Fassade die Züge und die Schändlichkeit eines stinkenden gemeinsamen Bekannten entdeckt: Mah-Jongg im intimen Jargon der Cousins, ein semantisches Gespenst, das sich, unter anderem, auf die Bezeichnung des Skrotums bezieht. Und er lässt dank Autosuggestion im Brief die ekligen erstickenden Ausdünstungen einer »Kanalisation« und des »Modders«« aufsteigen. Die Augen übermitteln synästhetisch die Vision der Nase: Auch die Nase »wollte an dem teilhaben, was die Augen sahen«. Der Scherz beinhaltet eine Prise literarischer Bosheit, die auf die »Gruften« des sizilianischen Wachsbildhauers Zumbo verweist; so wie Sade sie in *Voyage en Italien* wahrgenommen hatte. Die literarische Maßlosigkeit und das literarische Maß des dreißigjährigen Lampedusa bilden sozusagen einen Kontrapunkt zur Mäßigung und der galanten Moralität des Cousins. Casimiro überträgt in seinen Aquarellen die Farben und die »intelligiblen Lichter« der alten Glasmaler. Er illustriert Oscar Wildes Märchen. Ja, er überträgt sie sogar auf Episoden aus Petronius' *Satyricon*. Er verkleidet sie. Und er vergleicht ihn mit einem Brachettone, einem späteren Jünger jenes Daniele Ricciarelli da Volterra, der den Nackten in Michelangelos *Jüngstem Gericht* Hosen anzieht. Casimiros Kunst ist in Lampedusas spöttischen Briefen eine kosmetische Kastration. Sie macht die Anstößigkeiten züchtig. Sie unterschlägt das Geschlecht. Dort, wo die Maler von einst ein Feigenblatt oder Blumenkränze malten, malt Casimiro Keuschheitsgürtel: Er schweißt unbezwingbare eiserne Unterhosen an die Leisten.

Nur was die »kleinen Symptome« der Geschichte angeht, gibt es eine Übereinstimmung zwischen den Cousins. Und es geht dabei nicht um Verhältnismäßigkeit oder Scherz. Lampedusa stürzt sich vielmehr in den paronomastischen Streit, der die beiden Piccolo ermahnt, sie zur Teilnahme aufruft und zum Jubel gegenüber der symptomatischen Manifestation des allgemeinen faschistischen Credos, dem Stechschritt und den Knüppelschlägen durch den städtischen Straßenreinigungsdienst.

Es ist der 27. Juli 1925. Lampedusa schreibt aus Paris: »Ich bin ganz außer mir wegen der Politik. Vor ein paar Tagen, bereits, hatte mich Amendolas Schelte mit Wollust erfüllt.« Im April 1926 sollte Giovanni Amendola von seinen Entführern erstochen werden. Zwischen »Besen« und »Müll« und historischer Tragödie entgleitet die literarische Sprache diesmal Lampedusas Kontrolle. Sie bäumt sich zwischen den Zeilen auf. Und spielt dem ironischen Meister einen bösen Streich. Lampedusa merkt es nicht. Doch die Sprache kreist ihn ein, sie bearbeitet ihn von innen, sie erfindet ihn und stellt ihn zwischen die Don Abbondio der literarischen Imagination: »Ei, dachte nachher Don Abbondio in seinem Hause, wenn die Pest immer auf solche Weise zu Werke ginge, so war's meiner Seele eine Sünde, ihr ein böses Wort nachzureden.« Der Brief trägt im Übrigen zur Familienrhetorik bei. Am 6. November 1922 hatte Lampedusas Mutter aus Turin an die Mutter der Piccolo geschrieben: »*Ich habe hier alle faschistischen Aktivitäten verfolgt, den Brand des Arbeitsministeriums, die Aufmärsche usw. Der Brand war beeindruckend – vom Palast sind nur die Fassaden und das Türmchen geblieben, es ist ein mächtiges Gebäude, freistehend und grandios. Man hätte die vielen finsteren Gesichter, die bestürzten Gesichter sehen sollen, die mit scheelen Blicken die Zerstörung ihrer Festung verfolgten, auf der eine riesige Trikolore flatterte! Ich war begeistert – unter dem zweiten Kaiserreich geboren, trage ich, warum es leugnen? alle Bestrebungen in mir, die Gefühle, die diametral dem Proletariat entgegengesetzten Tendenzen, das meiner Ansicht nach in seinem Bereich bleiben und nicht aufbegehren soll! Daher habe ich mit dem (römischen) Gruß, mit ausgestrecktem rechtem Arm, die kühnen Faschisten gegrüßt und sie mit warmen bewundernden Worten ermutigt. Die schwarzen Hemden in großer Zahl, wie man sie hier gesehen hat, sind tief beeindruckend und bewegend; sie flößen Vertrauen ein und man* spürt, *dass jeder von ihnen echten Mut hat. Am Tag von Mussolinis Machtübernahme marschierten sie mit einer Blume im Lauf ihrer Musketen (Nelke oder Chrysantheme), eine grandiose und poetische Geste! Er (Benito) ist der Mann, den es braucht für diese feigen Verräter […]. Ich grüße euch faschistisch.*«

An jenem Tag war auch der junge Tomasi in Begleitung seiner Mutter in Turin. Und wenn die Mutter damals »beeindruckt« war, so wird der Sohn drei Jahre später immer noch »ganz außer sich« sein. Doch er sollte sich bald eines Besseren besinnen. Die Ehrlichkeit der Intelligenz half ihm dabei. Am 16. Oktober 1938 wird er betrübt sein über die »politischen« Zustände, die einen jüdischen Bekannten, den »armen *Rosenstingl*«, nicht verschonen. Und im *Gattopardo* wird er über die Eitelkeit der »Schleifen und Federbüsche« spotten. Und wird die einst von der Mutter bejubelten Paraden in das Bild von Ameisenkolonnen verwandeln, die, von der »Fäule« angezogen, »gemeinsam den Marsch in Richtung der gesicherten Zukunft« aufnehmen, und die »glänzenden Rücken der Insekten vibrierten vor Begeisterung, und über ihren Reihen schwebten, zweifellos, die Klänge einer Hymne«.

»Die Lampedusa« sind aber zum großen Teil die Briefe eines Mannes, der den *wicked joke* pflegt: den boshaften, beißenden Spott. In der »romanhaften« Fiktion, die sie verbindet und trägt, sind es das *journal de route* (in der Art von Stendhal) und die Berichte eines (in der Art von Dickens »übertriebenen«) pickwick'schen Briefeschreibers aus dem adeligen Circolo Bellini in Palermo: eines provinziellen sizilianischen Circolo Pickwick, dessen Mitglieder sich gegenseitig mit »Neid, Groll und Besorgnissen« bewerfen, mit »Lügen« und »Witzen«, wie es sich für eine *wirklichkeitsfremde*, tragisch-komische Gesellschaftsschicht gehört, die ihre *führende Stellung* verteidigt (entsprechend Lampedusas Analyse in der Erzählung *I gattini ciechi*).

Der Entschluss, zu verreisen und das Gepäck auszuwählen, setzen für Lampedusa einen vorbereitenden Bibliotheksbesuch voraus. Dort befindet sich die Garderobe des Erzählers: die Schminkkammer. Lampedusa ist »monströs literarisch«. Und er ist ein »Monstrum« an Neugierde und anekdotischer Indiskretion, wie es Stendhal in den *Mémoires d'un Touriste* ist. Er reist *mit dem Monogramm auf dem Hinterteil* durch Europa, einem Kärtchen um den Hals, auf dem *Monstrum* geschrieben steht, und mit einer Batterie Galonen an der Brust. Er hat Odysseus' Sandalen an den Füßen und trägt Chateaubriands Bratenrock aus den *Mémoires d'Outre-Tombe* verkehrt herum. Alles hat er gesehen, alles weiß er, alles hat er erprobt, alles hat er gelesen. Er hat die *Odyssee* miterlebt, jetzt aber reist er wie Pickwick aus »Muße« und um sich zu bilden. Und hat das »riesige Hirn« und das »ernste« Auftreten des pickwick'schen Helden. Fett und korpulent, von den fadesten Essen fasziniert, spiegelt er sich in den Augen eines Gastgebers; und er liest darin, wie in einer Zeitung, seinen Namen eines unverschämten Schelms und Schlemmers; er ist eindeutig Falstaff. Das Monstrum ist »Engel« und »Schwein«, eine historische Variante des Abbé Coignard, Heiliger und Epikuräer, aus Anatole France' *Rôtisserie de la reine Pédauque* und den *Opinions de M. Jérôme Coignard*; und wie der »unsterbliche« Abbé glaubt auch er nicht an das *gotische Teufelszeug*, er ist konservativ (er steht zu Fortschritt, der mit Ordnung einhergehen muss) und hat ein paar Flecken konventionellen antisemitischen Rost an sich, der monströs oder besser gesagt, romanesk mit der literarischen Maske behaftet ist. Das Monstrum, von der eigenen »Monströsität« beflügelt, verpflichtet und befreit sich von Mal zu Mal hinter den Masken seines Puppentheaters. Es schlüpft in die Kostüme, bindet die Maske um, die die Bibliotheken ihm liefern, und legt sie wieder ab. Nachfahre von strengen Heiligen und gelehrten Prälaten und römisch-katholisch, modelliert er sich in der »kolossalen Gestalt« Chestertons, des Apologeten des Katholizismus. Er erzählt und erzählt sich neu. Er betritt die Bühne wie in einem Märchen. Er rezitiert die Rolle des Biests und reicht der Schönen den Arm. Er schmachtet. Er ist einen Moment lang *Heartfree*, glücklich mit seiner Belinda in der Komödie *The Provoked Wife* von John Vanbrugh. Die Literatur fließt in seinen Adern.

Der Faubourg Saint-Germain in Paris hüllt das Monstrum in die proust'sche Aura der Guermantes. Die ihn verführt. Und ihn behext. Ihn zwingt, mental die ersten Seiten von *Sodom und Gomorrha* nochmals zu lesen. Der Blick des Monstrums folgt dem Text. Betritt ihn. Lehnt sich aus dem Fenster. Und glaubt im Hof »den schmerbäuchigen Baron Charlus« zu sehen, der einer »petite télégraphiste« folgt. In Berlin eignet er sich den Blick des proust'schen Erzählers an. In einem Kaffeehaus beobachtet er einen alten fetten Herrn, der einen der »allzu geschniegelten« Jüngelchen, die schmachtend an den Ecktischen sitzen«, eine Einladung überbringen lässt. Auch Prousts »Zeuge« leiht dem Monstrum seine Uniform, in einem »großartigen und luxuriösen, schurkischen und scheinheiligen Berlin, *tout tenue dans des tons gris et noirs*« – ganz in grau und schwarzen Tönen gehalten wie Lampedusa später an seine Frau in der Art des Chateaubriand der *Mémoires d'Outre-Tombe* schreiben wird.

Das Monstrum segelt wie ein übermütiger Wal auf dem Welt-Ozean. Aus der Ferne, von der Höhe Europas herab, erscheint ihm die Conca d'Oro wie ein dantesker »eisenfarbiger Ort der Hölle« und Palermo als eine »Stadt genannt Dis«; der sizilianische Adel ist ein Käfig voller dreist die Rotschattierungen ihres Hinterteils zeigenden Affen, und Katzen, die sich als Königstiger aufspielen; der Circolo Bellini ist ein Schloss, in dem Gespenster umgehen, die sich »groß« wähnen, aber nicht nur beschränkt, sondern auch noch kläglich sind. Ein taktloses und unbekümmert spöttisches Spiel. Die Terrasse des Circolo Bellini schaut auf »die Ufer eines wimmelnden Toten Meeres« an der Peripherie von Sodom, in einem ununterbrochenen Skandal von männlichem Scharwenzeln, von »Liebhabern« und »Galanen«. Das Monstrum vervielfacht und verbündet sich. Es wird zu einer Monster-Kooperative. Einem Betrieb. Einer Firma. Das Monstrum hat ein fettes Hinterteil wie Falstaff. Es rühmt sich des Besitzes von »36 Paaren brüllender Eier«. Es schlüpft in die Kleider von Lichas, dem Piratenkapitän im *Satyrikon*, der seinen Nächsten am Geschmack seiner Leisten erkennt. Es streckt die Hand aus. Tastet ab. Und findet nichts. Es entdeckt die »Wunde«, das Identifikationsmerkmal. Das Monstrum ist Dis geworden und blättert in seiner Preisliste für »Ersatzhoden«. Dort werden Prothesen zu Billigstpreisen angepriesen. Und es zeigt Dankesbriefe von illustren und geheilten Kunden vor. Das Monstrum ist ein gewiefter Verleumder. Casimiro und Lucio Piccolo sind die Leidtragenden. Es ist der entomologische Magier Raniero Alliata di Pietratagliata, Fürst des Heiligen Römischen Reichs.

Von London aus schickt das Monstrum seine Schilderungen der heiligen und der profanen Sehenswürdigkeiten. In der Tate Gallery hat es die von Sargent gemalten Porträts der Familie Wertheimer besichtigt. Und hat gleich deren theatralische Tragweite erfasst. Papa Wertheimer war ein jüdischer Kunsthändler. Sein von Sargent gemaltes Porträt ist »offenbar sein Meisterwerk«, und er schildert die Porträts der anderen Familienmitglieder mit beißendem Spott.

In seiner unbefangenen Lesart des »sprechenden Porträts« und des »prophetischen Porträts« folgt das Monstrum dem von Dickens in *Pickwick-Club* geschilderten Straf- und Rechtsverfahren. Für das Porträt zu posieren, das bedeutet im Londoner Gefängnis in der Fleetstreet die eigene Physiognomie zu hinterlassen: um sich die Seelenabdrücke abnehmen zu lassen. Das Porträt ist eine Verurteilung, eine Gefängniszelle; es ist das »Treibhaus«, in dem der latente oder noch nicht vollendete Charakter des Verbrechers oder des Reingelegten zur »Blüte« und zur Offenbarung gelangt. Lampedusa fügt den Schmuddel und den Geruch hinzu; und überträgt den dunklen Hintergrund auf die Sittlichkeit. Das dicke Monstrum ist ein dickens'scher Kerkerwärter. Er memoriert die Physiognomien der Familie Wertheimer und wird sie dem unerbittlichen Porträtisten übermitteln: dem Lampedusa des *Gattopardo*.

Der *Gattopardo* ist eine Porträtgalerie: die Neureichen, die Parvenus, die Feldhüter, die Verwalter, die Aufseher, sämtliche Plebejer, die Offiziersburschen und die Reiter defilieren mit dem Gesicht in der Hand; mit ihren Merkmalen, ihrem Gestank, ihrem »düsteren« Hintergrund, mit ihren Gaunervisagen, mit dem Brandmal ihrer Ehrlosigkeit. Sie führen ihre auf dickens'sche Art interpretierten Porträts à la Sargent vor. Don Fabrizio und Papa Wertheimer teilen das Schicksal eines »unreifen« und pferdenärrischen Sohns.

Am Ende des Romans hat Concetta, die Tochter des Fürsten, nunmehr die siebzig überschritten. Und es wird Concetta sein, die die Geschichte des Gattopardo schließt, nachdem »alle Impulse verebbt« sind, angefangen beim Porträt des Vaters, das zu »ein paar Quadratmetern Leinwand« geworden ist. Von den »bitteren« Erinnerungen ist nur noch die letzte englische Dogge Bendicò geblieben: ihr von den Motten zerfressenes Fell, der kleine Vorleger, zu dem sie geworden ist. Concetta lässt die leere Hülle wegschleppen, die Glasaugen starren sie mit dem »ergebenen Vorwurf der Dinge an, deren man überdrüssig ist« und die man aus der Welt schaffen will. Zwei kleine Linsen beschließen die Metapher der Augen. Es handelt sich um eine heraldische Anamorphose: »Während des Flugs aus dem Fenster setzte sich die Gestalt einen Augenblick zusammen: Man hätte einen Vierfüßer mit langen Schnurrhaaren in der Luft tanzen sehen können, und die erhobene rechte Vordertatze schien sie zu verfluchen.« Damit alles zu Ende geht, wird sich der auf den Hinterbeinen stehende Pardel des Hauses Salina in einer optischen Täuschung verflüchtigen. Und das Häufchen Fell zerfällt zu fahlem Staub und enthüllt das Bild des »neuen Menschen«, des Helden der »Bürgerrevolution«: Sedara, ein Häufchen Gerissenheit, schlecht geschnittener Kleider, Gold und Ignoranz.

Der Fürst starb in einem trostlosen Hotelzimmer in einem ärmlichen Stadtviertel Palermos: wie in der bürgerlichen Szene auf einem Bild von Jean-Baptiste Greuze. Das Bild aus dem 18. Jahrhundert im Louvre erzählt, nach feierlicher und szenografischer Manier eines historischen Malers, den beweinten Tod eines alten Familienvaters und die späte Ankunft eines »verlorenen Sohnes«. Das Werk trägt den Titel *Le Fils puni – Des Vaters Fluch*. Doch der Fürst hatte sich das Bild als *Tod des Gerechten* zugeeignet.

Salvatore Silvano Nigro

Erläuterungen zum Text

— Zu den Kommas: Die italienischen Kommaregeln unterscheiden sich wesentlich von den deutschen und werden sehr frei gehandhabt. Giuseppe Tomasi di Lampedusas Kommasetzung ist oft willkürlich und vor allem deklamatorisch. Trotzdem haben wir versucht, sie in Anlehnung an die Regeln der neuen deutschen Rechtschreibung nachzuvollziehen, um die »Stimme« des Autors möglichst originalgetreu wiederzugeben.

— In der höflichen Anrede können Pronomen im Italienischen groß oder klein geschrieben werden. Die Übersetzung hält sich, auch was Titel, Anreden oder Adressen angeht, an der nicht konsequenten Groß- bzw. Kleinschreibung des Originals.

— Die literarischen Zitate wurden, wenn immer möglich, einer vorliegenden dt. Übersetzung entnommen.

— Auch wenn häufig noch die alte Form »palermitanisch« verwendet wird, wurde im Text die heute lt. Duden korrekte Form »palermisch« vorgezogen.

Vorwort (Die Erinnerung und die Briefe)

1 Der ungewöhnliche Briefwechsel zwischen Giuseppe Tomasi und seiner Gattin Alessandra Wolff Stomersee, von ihm Licy genannt, wurde von Caterina Cardona unter dem Titel *Lettere a Licy. Un matrimonio epistolare* (Sellerio, Palermo 1987) herausgegeben.

2 Dieser Brief wurde bereits von Anna Maria Corradini

in *Archivio Storico Famiglia Piccolo di Calanovella* (Palermo 2002) veröffentlicht.

3 – Pietro Emanuele Sgadari di Lo Monaco, Bebbuzzo genannt, Musikkritiker beim *Giornale di Sicilia*; in den Dreißigerjahren Übersetzer von Ronsard und Villon; auch er wurde »der Magier« genannt; er war ein profunder Kunstkenner, besaß eine für seine Zeit außergewöhnliche Schallplattensammlung und war Genießer, Gourmand und Gourmet in einem.

– Raniero Alliata di Pietratagliata, Fürst des Heiligen Römischen Reichs (in den Briefen V.P. – Vecchio Porco (Altes Schwein) genannt; Entomologe, Magier, Okkultist, Germanophile und Anhänger der Arierlehre.

Sein Neffe Bent Parodi di Belsito hat ihm und der Generation der letzten Gattopardi in seinem Buch *Il principe Mago, Metamorfosi e dissoluzione degli ultimi Gattopardi* (Sellerio 1987) ein berührendes Denkmal gesetzt.

– Francesco Agnello gehörte ab Mitte der Fünfzigerjahre zum jugendlichen Freundeskreis um Lampedusa; er vertrat ethische Prinzipien, die von seinen älteren Mentoren belächelt wurden, daher sein »ekklesiastischer« Spitzname; er wurde später zu einem bedeutenden Förderer zeitgenössischer Musik.

– Francesco Orlando, Professor für Literatur an der Universität Pisa; Schüler Lampedusas, der für ihn *Letteratura inglese* und *Letteratura francese* schrieb; in den Sechzigerjahren veröffentlichte er eine Gedichtsammlung baudelair'scher Inspiration, die von Lampedusa – nicht aber von Lucio Piccolo – sehr gelobt wurde.

– Filippo Cianciafara, Sohn von Lina Tasca Filangeri di Cutò (die beim Erdbeben von Messina von 1908 ums Leben kam), Schwester von Lampedusas Mutter Beatrice und von Teresa Piccolo; er wurde von den Cousins »der König von Barcellona« genannt, was nicht etwa ein Spitzname war, sondern auf einem topografischen Fehler beruhte: Barcellona in Katalonien (Barcelona wird auf Italienisch mit zwei L geschrieben) und Barcellona Pozzo di Gotto, ein Dorf in der Provinz Messina, wo Cianciafara Ländereien besaß.

– Lucio Papa d'Amico, Sohn eines berühmten Juristen und Universitätsprofessors; Lucio wurde wegen seiner verschiedenen geschäftlichen Aktivitäten, die er eher als Zeitvertreib denn als Beruf ausübte, »Imbroglietti« – Herr Schummler – genannt.

4 *otia*, Vergil, Bucolica ecl, 1, *O Meliboee, deus nobis haec otia fecit – O Meliboeus, ein Gott hat so uns diese Muße gewährt.*

5 *puy'schen* s. biogr. Anm. zu Agata Giovanna; agapanth, von *Agapanthus*, Schmucklilie

6 *Café Chantant* – im Berliner Volksmund der »Berliner Prater« –, legendäres Bierlokal, Variété, Volkstheater, Ballsaal und Gartenrestaurant, an der Kastanienallee im Prenzlauer Berg (s. Brief XXIX)

Biografische Anmerkungen zu den Briefempfängern:

Piccolo, Teresa Tasca e Filangeri di Cutò (1870–1953), Schwester von Beatrice Lampedusa, Giuseppe Tomasi di Lampedusas Mutter.

Piccolo, Agata Giovanna (1891–1974), älteste der Geschwister Piccolo; nach einer unglücklichen Liebe beschloss sie ledig zu bleiben; sie war eine ausgezeichnete Köchin und Biogärtnerin vor der Zeit. Der von ihr angelegte botanische Garten gehört heute zu den Sehenswürdigkeiten der Fondazione Piccolo di Calanovella. Sie war eine begeisterte Leserin von Roman-, Koch-, Garten- und Handarbeitsheften und verfasste eine Broschüre über die *Puya berteroniana mez.*, eine in Chile heimische Bromeliaceae, die sie in Sizilien einführte.

Piccolo, Casimiro, (1894–1970), Freimaurer, Fotograf, Maler, Okkultist, Theosoph und begabter Pianist; seine in der Fondazione Famiglia Piccolo di Calanovella aufbewahrte Fotosammlung mit Tausenden Negativen stellt ein einzigartiges Zeitdokument dar. Er litt an einer akuten Bakterien-Phobie.

Piccolo, Lucio (1901–1969), Dichter, Komponist. Mathematiker, Astronom, Philosoph, Esoteriker und Exzentriker, wurde von Eugenio Montale entdeckt, seine *Canti barocchi ed altre liriche* erlangten weltweiten Ruhm.

Als sich die Frage der Weiterführung des Geschlechts stellte, blieb nur Lucio, um – mit dem expliziten Einverständnis aller Familienmitglieder – einen Erben zu zeugen (Giovanna war zu alt und Casimiros Phobie schloss einen Körperkontakt zwecks Zeugung aus). Nach verschiedenen fehlgeschlagenen Begegnungen brachte 1960 eine junge »kräftige« Bauerntochter aus Focarra einen Sohn Giuseppe zur Welt, den Lucio anerkannte und als Erben einsetzte. Was der Familie sehr viele Probleme und gerichtliche Auseinandersetzungen bescheren sollte.

1925

Brief 1

1 Giovanni Amendola, der antifaschistische Abgeordnete und Gründer der *Unione Democratica Nazionale*, war am 20. Juli 1925 in Montecatini von den Faschisten angegriffen und verschleppt worden und starb im April 1926 in einer Klinik in Cannes an den Folgen des Attentats. Einige Parlamentarier besuchten ihn im Krankenhaus, darunter auch Reichssenator Fürst Trabia. In Palermo war die Kampagne für die Kommunalwahlen im vollen Gange. *Sizilien ist seit vier oder fünf Tagen in Mode gekommen*, hatte Giuseppe Tomasi im *Giornale di Sicilia* vom 22./23. Juli gelesen.

2 Pietro Lanza Branciforte, Fürst Trabia, sah seine Oberhoheit über die Aristokratie Palermos bestätigt. Er wurde »il viceré« genannt (der Vizekönig).

3 Giovanni Antonio Colonna, Herzog von Cesarò; Abgeordneter und von 1922 bis 1924 Minister für das Post- und Fernmeldeministerium

4 Giuseppe Valguarnera, Herzog dell'Arenella und Fürst Niscemi. Enkel von Corrado Valguarnera di Niscemi, Garibaldiner und historisches Vorbild für Tancredi Falconeri im Roman *Il Gattopardo*

5 Der einstige Treffpunkt der palermischen Aristokratie wurde 1769 als »Grande Conversazione della Nobiltà« gegründet und hieß zuerst »Casino di Dame e Cavalieri«. 1864 wurde er zum Circolo Bellini, da der Sitz damals dem Teatro Bellini angefügt war (das dann 1860 zum Teatro Carolino

wurde). Viele Anspielungen in Lampedusas Briefen an die Geschwister Piccolo enthalten Hinweise auf Gespräche und geistreiche Bemerkungen im Circolo Bellini. Vor allem ist von den zwischen 1919–1925 beigetretenen Mitgliedern die Rede. Am Spieltisch des Circolo Bellini verloren etliche der jungen Gattopardi ihr Vermögen; der Konsum von Morphium, damals die Modedroge der palermischen Aristokratie, gehörte im Bellini zum guten Ton.

6 Pietro Lanza Branciforte war Präsident des Circolo Bellini.

7 Lampedusa übernimmt mit der für ihn typischen Ironie sowohl Chateaubriands Hyperbel als auch dessen Kataklysmentheorie: *Ich sah Ludwig XVI. und Bonaparte sterben; hernach zu Leben ist schlichthin Verhöhnung.* (in *Vie de Rancé*). *Drei Catastrophen haben die drei vorhergehenden Theile meines Lebens bezeichnet. Ich sah Ludwig XVI. sterben, während meiner Laufbahn als Reisender und Soldat; am Ende meiner literarischen Laufbahn verschwand Bonaparte, und Karl X. hat mit seinem Sturz meine politische Laufbahn geschlossen.* (*Von Jenseits des Grabes, Chateaubriand's Denkwürdigkeiten*, Leipzig 1850; deutsch von L. Meyer)

8 Raniero Aliata die Pietratagliata (s. vorn)

9 Ma-Jongg, das chinesisch »Spatzenspiel«, war in den Zwanzigerjahren sehr en vouge. Im lampedusischen Jargon der Briefe ist es ein verspielter Code: Bezeichnung für Schlüpfriges in den Briefen II, III und V; Synonym für Hoden (wenn nicht für Phallus) im Brief XVII. Mahjong (magiòng) ist aber auch als asiatisches Solitär-Brettspiel bekannt: als die »alte japanische Kunst, sich selbst zu befriedigen«, was dem belesenen Giuseppe Tomasi sicher bekannt und in den Briefen ebenfalls damit gemeint war. Mit

Ma-Jongg dürfte auch das »Tischerücken« gemeint sein, dem sich die jungen Aristokraten um die Brüder Piccolo, darunter auch Giuseppe Tomasi, widmeten. Das Interesse für Grenzwissenschaften war damals bei den jungen Aristokraten in Mode. Im Zusammenhang mit Ma-Jongg müsste daher auch Corrado di Belsito genannt werden. Er war schwer morphiumabhängig, ein Naturtalent in Chemie und experimentierte inmitten von stinkenden giftigen Dämpfen in seinem Labor. Er wusch sich und zog sich nur an, um im Bellini verschwenderisch zu feiern.

10 Der geheimnisvolle »Masnata« scheint für den jungen Giuseppe Tomasi eine große Rolle gespielt zu haben und stammt höchstwahrscheinlich aus dem Milieu der im Bellini verkehrenden Hochbourgeoisie. Giovanni Masnata (1870–1945), Chirurg und Universitätsdozent an der Universität Palermo, Gründer einer der ersten faschistischen Parteien Italiens, Reichssenator und Deputierter, eine angesehene Persönlichkeit in Palermo, hatte zwei Söhne: Pino Masnata, ebenfalls Chirurg, Dichter, provokativer Künstler und Weggefährte Tomaso Marinettis, war wie sein Vater begeisterter Faschist der ersten Stunde. Vom zweiten Sohn Enrico ist nichts bekannt. Die Frage der Antiquitäten ist damit zwar nicht geklärt; jedenfalls fürchtete Tomasi (Brief XIV), mit Masnata und einem »Skandal« in Zusammenhang gebracht zu werden.

11 1925 eine – zufällige und flüchtige – Begegnung mit Luigi Pirandello, der mit seinem Ensemble des Teatro d'Arte auf Tournee war und vom 15. bis 25. Juni im New Oxfort Theatre debütierte. Giuseppe Tomasi, Herzog von Palma, lernte Pirandello in der italienischen Botschaft kennen, wo Marquis della Torretta, Giuseppes Onkel väterlicherseits und

italienischer Botschafter in London, und dessen Sekretär Ugo Solar für Pirandello und seine Truppe einen kleinen Empfang organisierten (zit in. Andrea Vitello, *Giuseppe Tomasi di Lampedusa*, Palermo 1987, S. 93; neue überarbeitete Ausgabe: Palermo 2008, S. 136)

12 Jüngster Sohn von Giuseppe Valguarnera, Duca dell' Arenella. Zwischen Pirandello und Raimondo Arenella verlief ein Abgrund. Viele Anspielungen in diesem Abschnitt müssen im Sinne von »von den Sternen in die Gosse« verstanden werden.

13 Jolanda von Savoyen, älteste Tochter von Victor Emmanuel III., heiratete am 7. Mai 1923 den Kavallerieoffizier Giorgio Calvi di Bergolo.

14 Alice Barbi, Gattin von Pietro Tomasi della Torretta. Sie war eine berühmte Liedersängerin und Muse des alten Johannes Brahms. Da sie fünfzehn Jahre älter war als ihr Ehemann, wurde sie in der Familie ironisch die »junge Alice« genannt.

15 Alva Erskine Smith, Gattin von William Kissan Vanderbilt. Die Familie Vanderbilt besaß die wichtigsten Eisenbahnlinien der USA. William und Alva waren die Eltern von Consuelo Vanderbilt, in erster Ehe mit dem Duke of Marlborough verheiratet.

16 Dt. im Original

17 Lucio Piccolo di Calanovella

18 Shakespear'sche Heldin: die schöne und reine Rosalinde mit der weißen Hand aus *As You Like It*. Der geheimnisvollen »Rosalinde« wird man in den Briefen wiederholt begegnen.

19 Mary Ashley, die Schwester von Edwinia Ashley, Gattin von Lord Mountbatten, später Vizekönig von Indien, den

der Autor gleich anschließend erwähnt und in dessen Kreisen sich der junge Giuseppe Tomasi, Herzog von Alba, bewegte. Mary Ashley, später Mrs Cunningham-Reid, war eine turbulente Schönheit, die mit ihrer Schwester Edwinia in den aristokratischen Kreisen als *society lioness* berühmt war.

20 Corrado Parodi Giusino di Belsito (s. vorn), er galt allgemein als Lästerzunge.

21 William Lygon, 7th Earl Beauchamp, war ein enger Berater von Edward VII. und von 1924 an *Liberal Leader* im *House of Lords*. 1902 heiratete er Lady Lettice Mary Grosvenor, die Enkelin des Duke of Westminster. Sie gehörten zum engsten Freundeskreis um Lord Mountbatten.

22 Im [ital.] Original steht (anstelle eines Doppelpunkts) ein Semikolon vor dem Zitat. Ein bedeutungsvoller Flüchtigkeitsfehler, denn dieses Semikolon entspricht dem in der von Lampedusa zitierten Textpassage Chateaubriands aus *La Vie de Rancé*. Es handelt sich also nicht um eine aus dem Gedächtnis zitierte Textstelle, sondern weist darauf hin, dass Giuseppe Tomasi offensichtlich mit Chateaubriands Werken im Gepäck reiste.

23 Der Hain mit dem Grab des attischen Heros Akademos im Nordwesten von Athen, wo Plato seine Platonische Akademie gründete.

24 Der Pariser Salon »du bon goût et de la bienséance« von Catherine de Vivonne, Marquise de Rambouillet

25 Der Brief an Casimiro Piccolo geht *in medias res*, denn in Palermo überstürzen sich die Ereignisse. Am 10. Juni 1924 wird Giacomo Matteotti, der Generalsekretär der Sozialistischen Partei und erbitterter Gegner Mussolinis, entführt und ermordet. Als Wortführer der Opposition hatte er sich den Hass der Faschisten zugezogen. Seine Ermordung stürzt den

Duce in eine schwere Krise, und es sieht tatsächlich aus, als wäre die faschistische Bewegung am Ende und das Schicksal des Duce besiegelt. Sozialisten, Liberale und Konservative ziehen sich aus dem Parlament zurück und gründen nach dem Vorbild der Plebejer in der Römischen Republik eine Gegenkammer auf dem Aventin. Am 13. Juli unterschreiben die Aventinianer (s. nachst.) ein Dokument, in dem Mussolini unter Anklage gestellt wird. Für den 2. August sind in Palermo Kommunalwahlen angesetzt. Am 17. Juli reist Roberto Farinacci, Sekretär der National-Faschistischen Partei, nach Sizilien. Die diktatoriale Entwicklung des Faschismus ist nicht mehr aufzuhalten: Die Präfekten erhalten Befehl, die Pressefreiheit einzuschränken, und es ist sogar die Rede davon, die Wahlen zu verbieten.

Lampedusa verfolgte die Ereignisse aus der Ferne. Casimiro, seine Mutter Baronin Teresa Piccolo geborene Mastrogiovanni Tasca Filangeri di Cutò und ihre ältere Schwester Beatrice Lampedusa, Giuseppes Mutter, stehen eindeutig auf der Seite der Faschisten, während die besonnenen Männer in der Familie entschlossen auf der Gegenseite stehen. Der Onkel mütterlicherseits, Alessandro Fürst Cutò, sozialistischer Abgeordneter, ist ein vehementer Antifaschist; und der Onkel Pietro Tomasi della Torretta ist ein Liberaler und Botschafter Italiens in London. Solche Risse sind auch zwischen den verschiedenen Zweigen der Familie Trabia festzustellen. Senator Giuseppe Lanza di Scalea und der Abgeordnete Giuseppe Lanza, Fürst Scordia, stehen auf der Liste der *Unione Palermitana per la Libertà*, während der Kolonialminister Pietro Lanza di Scalea die Wahlkampagne für die Kommunalwahlen auf der Seite der Faschisten eröffnet. Die Wahlen vom 2. August werden von den Faschisten gewonnen. Im

Kommentar vom 3. August schreibt das *Giornale di Sicilia*: *Die adelige Stadt hat ihrer Meinung Stimme gegeben, während die Vororte, die von sehr bekannten Namen dominiert werden, ohne jegliches moralisches und intellektuelles Ziel* wählten.

Ein Kommentar, der bei Giuseppe Tomasi bestimmt Heiterkeit ausgelöst hat. Er zögerte, sich für eine politische Richtung zu entscheiden, auch wenn die sichtliche Freude über das Attentat auf Amendola ihn als Verfechter der »Ordnung« ausweist, auf die sich der Faschismus beruft. Aus Paris bedauert er höchstens die »schwierigen« Zeiten. Und zeigt sich skeptisch gegenüber der internationalen Bewunderung für Mussolini. Der Zusammenstoß zwischen dem Aventinianer Bellini und dem faschistischen Präfekten gibt ihm Gelegenheit, auf eines seiner bevorzugten Themen zurückzukommen: die politischen Debatten im aristokratischen Zirkel und ihre lächerliche Bedeutungslosigkeit. Die Niederlage der bellinianischen Aventinianer erscheint ihm unvermeidlich und eine heldenhafte *Secchia rapita*. (s. nachst.). Die Kommunalwahlen sind aus bellinianischer Sicht zur Farce gewordene Geschichte, und er bedauert, nicht dabei gewesen zu sein. (Das Aventin, eine Protestbewegung demokratischer antifaschistischer Parlamentarier, löste in den aristokratischen Kreisen Palermos heiße Kontroversen zwischen Mussolini-Gegnern und Mussolini-Anhängern aus.)

In der zweiten Hälfte der Fünfzigerjahre stellte Giuseppe Tomasi di Lampedusa fest, sein Leben sei in Phasen verlaufen. Nach dem 2. Weltkrieg mangelte es seinem Urteil nicht einer gewissen jakobinischen Vehemenz, in der ersten Hälfte der Zwanzigerjahre kam diese Neigung jedoch noch nicht zum Tragen. Von den wenigen Werken Thomas Manns, die Giuseppe Tomasi Anfang der Zwanzigerjahre erworben und im Original gelesen hatte, finden sich bezeichnenderweise die *Betrachtungen eines Unpolitischen.*

(*La Secchia rapita*, dt. *Der geraubte Eimer*, ein »heroisch-komisches« Drama in drei Akten von Antonio Salieri nach einem Text von Giovanni Gastone Boccherini, nach dem gleichnamigen Versepos von Alessandro Tassoni. Die Uraufführung fand am 21. Oktober 1722 im Wiener Burgtheater statt.)

26 Exposition des Arts Décoratifs et Industriels Modernes, 1925 in Paris

27 »Der Italiener hat gewonnen. / Wen wundert's, mit ihrem Mussolini.«

28 Teresa Piccolo di Calanovella

29 Die Piccolo nannten ihren Cousin scherzhaft *Monstrum*, eine Bezeichnung, in der verschiedene Untertöne mitschwangen: ein Monstrum an Belesenheit, ein Monstrum wegen seiner genussfreudigen Veranlagungen und ein Monstrum wegen seiner scharfzüngigen Bemerkungen, wofür auch seine Mutter Beatrice gefürchtet war. In einem späteren Brief wird er zum »schirokkalen Monstrum«, da er, laut Lucio Piccolo, an einem Schirokko-Tag zu diesem Spitznamen gekommen war.

Brief II

1 Der Briefeschreiber flicht immer wieder Stellen aus Dantes *Göttlicher Komödie* in den Text ein. Ein Leitthema ist der 18. Gesang aus dem Inferno: *Ein Ort der Hölle, namens Übelsäcken, / ist eisenfarbig, ganz erbaut von Stein, / So auch die Dämme, die ringsum ihn decken.* Die Conca d'Oro, die Ebene

zwischen den Palermo umgebenden Kalkbergen, wird in der Sprache Dantes geschildert: *Von seiner Höh' ward unserm Auge kund / Der letzte Klosterbann von Übelsäcken, / Und viel Bekehrte waren tief im Grund.* Hölle, 29. Gesang.

Palermo ist die *Dis* genannte Stadt: »*Bald wird sich, Sohn, dir jene Stadt enthüllen« / So sprach mein guter Meister, Dis genannt, / die scharenweis' unsel'ge Bürger füllen. / Und ich: »Mein Meister, deutlich schon erkannt / Hab ich im Tale jener Stadt Moscheen, / Glutrot, als ragten sie aus lichtem Brand« / Drauf sprach mein Führer: »Ew'ge Flammen wehen / In ihrem Innern, drum im roten Schein / sind sie in diesem Höllengrund zu sehen.«* Hölle, 8. Gesang.

Der Circolo Bellini ist eine Parodie des »*von siebenfacher Mau'r umfangenen Schlosses*«, wo die Bellinianer *in der großen rötlichen Wolke* wie die *Großen ewig Denkenswerten* zwischen *ehrten* und *geehrten* umherirren wie die verdammte Schar der *Verworfnen*. (Alle Dante-Zitate sind der Steckfuß'schen Übersetzung entnommen.)

2 Fortunio Parodi Giusino di Belsito, älterer Bruder von Corrado Parodi di Belsito; »Ausschmücker« wegen seiner notorischen Klatschsucht

3 Masnata und Ma-Jongg sind eindeutig in die *große rötliche Wolke* gehüllt.

4 Aus anderen zitierten Stellen geht deutlich hervor, dass – der ungewaschene – Ma-Jongg zum Freundeskreis der Piccolo gehörte. (s. Brief 1,9.)

5 V.P., Vecchio Porco (Altes Schwein)

6 Pietro Emanuele Sgadari di Lo Monaco alias Bebbuzo

7 Carolina Notarbartolo di Salandra, Gattin von Pietro Notarbartolo, Mitglied im Bellini

8 Santi Planeta, Sohn von Giovanni Battista Planeta, Baron di Santa Cecilia

9 Pietro Papè, Herzog Pratamano

10 Der Palast Notarbartolo di Villarosa zog sich zwischen der via Generale Maglioggo und Piazza Regalmici die ganze Front der via Ruggiero Settimo entlang (genannt Quattro Canti di Campagna) und wird dem berühmten sizilianischen Architekten Venanzio Marvuglia zugeschrieben. Der Circolo Bellini hatte dort seinen Sitz auf der Seite der Piazza Regalmici. Auf dem Gelände des Palazzo Villarosa wurden in den Fünfzigerjahren der Sitz des Banco di Sicilia und der Filiale der Cassa di Risparmio Vittorio Emanuele und eine große Geschäftszone gebaut.

11 *Tiger, Tiger, hell entfacht. In* William Blake, *The Tyger* in *Song*; Dt. *Der Tiger* in *Lieder der Erfahrung*

12 Benjamin Disraeli, Graf Beaconsfield

13 Bei dem von Giuseppe Tomasi geschilderten Club handelt es sich um den Carlton-Club, dem vornehmsten Londoner Club am Pall Mall. Das alte Carlton-Gebäude wurde im 2. Weltkrieg zerstört und befindet sich heute an der St. James's Street.

Wahrscheinlich irrt er sich im Namen und meint Thomas Hopper (engl. Architekt 1776–1856), der die Gewölbedecke des Conservative Clubs entworfen hatte. Die Decke im neuen (von den Architekten Robert und Sidney Smirke entworfenen) Carlton-Club wurde vom dt. Maler Frederick Sang gemalt.

14 *Caciotto*, Schafkäse

15 Anthony Ashley, Earl of Shaftesbury

16 Charles Spencer Churchill, Duke of Marlborough, Cousin von Sir Winston Churchill. Mit der Mitgift von Con-

suelo Vanderbilt (2 500 000 Dollar) hatte er den Familiensitz Blenheim Palace im Oxfordshire wieder aufgebaut.

Wir sind arm, arm werden wir sterben, kommentiert Giuseppe Tomasi, als man ihm den Pokereinsatz in den Londoner Clubs nannte. Die internationalen Dimensionen unterschieden sich tatsächlich wesentlich von den sizilianischen. (Im Vergleich dazu: Die Mitgift von Giulia Florio, der Tochter der millionenschweren palermischen Industriellen, durch die Fürst Pietro Lanza di Trabia in der Lage war, seine Paläste zu restaurieren, betrug 5 000 000 Lire.)

17 Berühmter Herrenausstatter in Palermo, bei dem sich die Vornehmen einkleideten.

18 Casimiro Piccolo bevorzugte für seine Aquarelle Märchenmotive und orientalische Szenen. Er ließ sich von den Illustrationen in englischen Büchern inspirieren, besonders in denen von Kipling, daher der Spitzname »Indologe«.

1 Casimiro Piccolo

2 Der schwarze Panther in Kiplings *Dschungelbuch*

3 *Dort herrschen Ordnung nur und Schönheit, / Luxus, Stille und Wollust*. Charles Baudelaire, *L'Invitation au Voyage* in *Les Fleurs du Mal* (*Einladung zur Reise* in *Die Blumen des Bösen*, Fischer, 1962, dt. von Friedhelm Kemp)

4 Die Schirme und Stöcke aus kostbaren Hölzern von Swaine Adeney Brigg in der Londoner St. James's Street, dem königlichen Hoflieferanten

5 Pasta con le sarde: Teigwaren mit frischen Sardinen, das sizilianische Nationalgericht schlechthin. Mullagatawny:

ursprünglich eine Sauce aus in Wasser gekochten Gewürzen, die zu Reis gereicht wird; die von den Briten abgeleitete Mullagatawny-Soup besteht allerdings aus einer Brühe aus Lammfleisch oder Huhn mit gebratenen Zwiebeln, mit Currypulver gewürzt.

6 Strabo, der griechische Geograf und Historiker, nannte Raspalagan, den König der sarmantischen Roxolanen, Tasio. In den Dakerkriegen kämpfte dieser an der Seite der Römer, wurde dann nach einer Niederlage wegen Unbotmäßigkeit von Hadrian zu lebenslänglichem Exil auf die Insel Pula in Istrien verbannt, wo er, dank einer fürstlichen Pension, als römischer Staatsbeamter mit seiner Familie den Rest seiner Tage in einer luxuriösen Villa verbrachte. Der Autor spielt mit »Tasio Gespenst« auf d'Annunzio und seinen Freischärler-Feldzug von 1919 zur Annektierung von Fiume in Istrien an; Mussolini unterstützte ihn zwar, zwang ihn dann aber zum Rückzug, worauf d'Annunzio sich eine Villa bei Gardone Riviera am Gardasee aneignete, sich dorthin zurückzog und sich von der faschistischen Regierung seinen exzentrischen Lebensstil bis zu seinem Lebensende finanzieren ließ.

7 Tempest-Stewart, Marquess of Londonderry, schwerreicher Landbesitzer und einflussreicher Politiker

8 Eine bittere Feststellung, die Giuseppe Tomasi di Lampedusa sozusagen als Lebensmotto begleitete und die er Jahre später im *Gattopardo* dem Fürsten Salina in den Mund legt.

9 Giuseppe Mulè (1885–1951), sizilianischer Komponist und Dirigent, der aus Termini Imerese stammte. Er wurde durch seine Kompositionen für den 1914 von Graf Mario Tommaso Gargallo gegründeten Aufführungszyklus griechischer Tragödien unter der Leitung des Gräzisten Ettore Romagnoli berühmt.

Brief IV

1 Hinweis auf Kapitel 41 von Dickens' *Pickwick Club* und auf die *langen, niedrigen, schmutzigen, auf und ab führenden Gänge* im Fleet-Gefängnis (dt. *Die Pickwickier*, München 1968)

2 Philip Sidney (1554–1586), elisabethanischer Schriftsteller, Autor der *Arcadia*, eines *mit entzückenden Liedern geschmückten* Romans, schreibt Lampedusa in *Letteratura inglese* (dt. *Morgenröte der englischen Moderne*, Wagenbach, 1995).

3 Oliver Cromwell; in Ely befindet sich ein Cromwell-Museum.

4 Die Normannen eroberten um 1061 das unter muslimischer Herrschaft stehende Sizilien und vereinigten es unter König Roger I. mit Unteritalien zum Königreich beider Sizilien. Mit König Wilhelm I. endete die normannische Dynastie, auf die ab 1194 die Dynastie der Staufer folgte. Die Normannen schufen einen für die damalige Zeit modernen und toleranten Staat, in dem Moslems, Juden und Christen gleiche Rechte genossen. Giuseppe Tomasi trauerte jener offenen »multikulturellen« Gesellschaft nach, denn die nachfolgenden Dynastien würden Sizilien über Jahrhunderte in Kriege, Revolten und dynastische Intrigen verwickeln.

5 *Und diese bleiche und erzürnte Rose / Als Sinnbild meines blutbedürft'gen Hasses*, Shakespeare, *Henry VI*, 1. Teil, 2. Akt, IV. Szene

6 »Basinella«, Baumwolldamast, der für Draperien verwendet wird

7 Shakespeare, *Sonnets*, LXXIII, 4: Das Original lautet: *Bare rn'wd quiers / where late sweet birds sang*. Das Sonett wurde

von Lampedusa in *Letteratura inglese* übersetzt: *Nude absidi dirute / dove un giorno cantarono dolci uccelli.* (*Die Bäume kahl vor Kälte zitternd stehn / Die Vögel schweigen in den öden Hallen;* dt. von Max Josef Wolff) (In die dt. Ausgabe von Tomasi di Lampedusas *Shakespeare.* Wagenbach, 1994, wurden die Sonette nicht aufgenommen.)

8 »In allen Ehren«: in den Sprachgebrauch eingegangene idiomatische Redewendung aus Molières Stücken

9 Der dichtende Cousin Lucio Piccolo di Calanovella

10 Der Mord an König Duncan in Shakespeares *Macbeth*

11 Cavaliere Umberto Galanti, Direktor des legendären Grand Hotel »Villa Igea« in den Zwanzigerjahren. Das Hotel wurde im Auftrag der mächtigen Familie Florio Ende des 19. Jahrhunderts vom Meister des italienischen Jugendstils, dem Architekten Ernesto Basile, auf dem Grundstück der Villa der Florio gebaut und beherbergte berühmte Persönlichkeiten und gekrönte Häupter, denn Palermo galt damals als eine der elegantesten Städte Europas. Das Hotel mit der spektakulären Sicht auf die Bucht von Palermo gehört heute zur Hilton-Gruppe.

Brief V

1 Im erwähnten Brief bittet Casimiro Piccolo seinen Cousin Giuseppe, die Schätzung eines Sèvres *tete-à-tete* einzuholen, das im Besitz der Familie Piccolo ist und von dem er Aufnahmen schickt. Diese Bitte steht im Zusammenhang mit den finanziellen Schwierigkeiten der Familie, in die der *père prodigue* sie gebracht hatte (siehe Brief XIII). Die An-

gelegenheit des Sèvres-Service wird Gegenstand weiterer Briefe sein (VII, VIII und IX).

Lucios Brief hingegen – wie aus dem hervorgeht, was Tomasi anschließend schreibt – enthält vermutlich die üblichen Andeutungen über die sexuellen Neigungen verschiedener Personen aus ihrer *coterie*, der Clique der jungen palermischen Aristokraten.

2 Nino, der alte Gärtner der Familie Piccolo

3 Frederick George Kenyon, Altertumsforscher und Papyrologe, Leiter der Wallace Collection, die aus einer Privatsammlung entstanden ist und nebst bedeutenden Gemälden auch eine Sèvres- und Meißen-Porzellansammlung besitzt.

4 pupi siciliani: die berühmten handgefertigten, über einen Meter großen Rittermarionetten, die die Gestalten des Rolandlieds und andere historische Gestalten darstellen

5 Bei der erwähnten Figur handelt es sich um den berühmten Lincoln Imp an der Nordfassade der Kathedrale von Lincoln, der grinsend über der Konsole des höchsten Pfeilers hockt. Der struppige Imp könnte auf Corrado di Belsito verweisen, wobei ihm eine gewisse Ähnlichkeit mit Lucio Piccolo nicht abzusprechen ist. Der Autor spielt aber gleichzeitig auf Sades *Voyage en Italie* an, in der er schildert, dass er sich beim Anblick der vom Wachsbildner Zumbo geschaffenen Grabfiguren spontan die Nase zuhielt.

6 *stinker*, Widerling, abscheuliche ungewaschene Person; das *Stinkie* des Autors ist aber nicht unbedingt ein Fehler, denn die Männer aus dem Hause Lampedusa – insbesondere der Großvater Giuseppe und der Onkel Ferdinando – litten an Bromhidrose und wurden vom einfachen Volk *piedifitusi* – Stinkfüße –, in den vornehmen Kreisen *stinkydusas* ge-

nannt. (R. Trevelyan, *Princes under the volcano*, London 1972 / Mailand 1977)

7 Aus dieser Textstelle geht hervor (siehe auch Brief VI), dass Casimiro an einem Bild zu Oskar Wildes Märchen *Der junge König* arbeitete.

8 Die versprochene »Antwort in Reimen« ist vermutlich der pseudo-elisabethanisch englische Titel einer fiktiven Veröffentlichung von 1601 (siehe Brief VII).

9 Lucio Piccolo di Calanovella

Brief VI

1 Lucio Piccolo
2 Casimiro Piccolo

Brief VII

1 attisches Salz, feiner Spott, scharfsinnige Rede

2 Savonnerie: Teppiche aus einer im 17. Jahrhundert nach türkischem Vorbild gegründeten Teppichknüpferei, die ursprünglich ausschließlich für den Königshof arbeitete.

3 Lampedusa begann »impli«(zieren) zu schreiben, strich es dann durch und ersetzte durch »erhöhen«.

4 Fulco Santostefano, Herzog della Verdura, Cousin zweiten Grades der Piccolo und Giuseppe Tomasis. Er verließ Palermo kurz nach dem 1. Weltkrieg, lebte in Paris und New York, arbeitete für Chanel und gilt als der berühmteste Schmuckentwerfer des Art Nouveau. In seinem Buch *The Happy Sunny Days* schildert er seine Kindheitstage in der

Villa Niscemi ai Colli. (dt. *Selige Sommerzeit, Eine sizilianische Kindheit,* aus der von Edmonde Charles-Roux bearbeiteten französischen Fassung ins Deutsche übersetzt). Die Hinweise auf seine Homosexualität sind keineswegs unbegründet.

5 Museum Poldi Pezzoli mit der Sammlung von Baron Gian Giacomo Poldi-Pezzoli, die u. a. Bilder von Botticelli und Cranach enthält. Keramikmuseum Duca di Martina in der Villa Floridiana in Neapel, im Besitz einer wertvollen Sammlung europäischer, chinesischer und japanischer Majoliken.

6 Emma Grammatica (1874–1965), berühmte italienische Schauspielerin, sie trat mit der Duse auf und spielte in den verschiedensten Rollen auf allen großen europäischen und südamerikanischen Bühnen.

7 Fulco della Verdura und Lucio Piccolo. Auf Lucio trifft die homosexuelle Anspielung wahrscheinlich nicht ganz zu, denn von ihm sind einige Eskapaden mit jungen Bauerntöchtern bekannt.

8 Anspielung auf Saint-Simons bitterböses Porträt des homosexuellen Duc de Vendôme und von Kardinal Giulio Alberoni, Sohn eines italienischen Gärtners, der zum mächtigen Minister von Philipp V. von Spanien wurde. Der Duc pflegte seine Gäste, ob Bischöfe, Fürsten oder Abgesandte, auf dem Nachtstuhl sitzend zu empfangen. Als er sich in Anwesenheit des Kardinals das Hinterteil wischte, soll dieser ausgerufen haben: *O culo di angelo!* und sei hingeeilt, um den *Engelspo* zu küssen. So Saint-Simon. Der Verdacht, Giuseppe Tomasi könnte auf einen Zusammenhang zwischen »dem duke of Vegetables« alias »della Verdura« und »Gemüsegärnter« anspielen, ist nicht von der Hand zu weisen. (Saint-Simon, *février 1706*, in Corpus Étampois, Bernard Gineste éd.)

9 Kobold in Shakespeares *Ein Sommernachtstraum*

10 Auf Ital. Guglielmo, William von Ockham (1285 in der Grafschaft Surrey geb., 1347 in München gest.), berühmter mittelalterlicher Philosoph und Theologe

11 Shakespeare

12 Dante Alighieri

13 Damals übliche italo-englische Schreibweise für Filme, vom Autor einmal groß, dann wieder klein geschrieben

14 Gerald Montgomery Blue (1887–1963) wurde als Monte Blue zu einem der berühmtesten Schauspieler aus der Stummfilmzeit.

15 *The Midnight Rounders*, Komödie von Larry Semon

16 Sic! *You Wouldn't Believe*, 1920, Komödie von Erle C. Kenton, mit Billy Armstrong in der Hauptrolle

17 Douglas MacLean, Schauspieler aus der Stummfilmzeit

18 *Hold That Lion* (1926), Lustspiel in der Regie von William Beaudine mit Douglas McLean in der Hauptrolle

19 von *gaffe*: Spitzname des Redakteurs des *Giornale di Sicilia*, der eindeutig auf dessen Taktlosigkeit anspielt (*gaffe*, Schnitzer, Taktlosigkeit). Zwischen 1922–1924 hatte der junge Giuseppe Tomasi eine Anzahl literarische Essays unter dem Pseudonym Giuseppe Aromatisi im Feuilleton des *Giornale di Sicilia* veröffentlicht, die siebzig Jahre später von Francesco d'Orsi Meli (wieder-)entdeckt und herausgegeben wurden. (*Scritti ritrovati*, Flaccovio 1933). Gut möglich also, dass sich der junge Reisende gern in der Rolle eines »Korrespondenten« gesehen hätte und vielleicht auch schon versucht hatte, durch Dritte entsprechende Kontakte anzuknüpfen (siehe Andrea Vitello, *Giuseppe Tomasi di Lampedusa* Sellerio, 2008, überarbeitete und erweiterte Ausgabe).

Brief VIII

1 Enrico Consolo, von 1915 bis 1928 Direktor des Londoner Sitzes der Banca Commerciale Italiana

2 Sic! Sir Robert Witt, Anwalt und Kunstkenner (im nächsten Brief Vorname korrekt)

3 Adolfo Venturi (1856–1941), Professor für Kunstgeschichte an der Universität Rom

4 Powis Castle, berühmtes mittelalterliches Schloss in Wales, das im 18. Jahrhundert durch Heirat an Edward Clive, Gouverneur von Madras, überging, der zum Grafen von Powys erhoben wurden. Das Schloss ist für seine im 17. Jahrhundert in Terrassen angelegten Gärten berühmt; es befindet sich heute im Besitz des National Trust und beherbergt die Clive Collection. Hausherr auf Powis Castle war zur Zeit von Tomasis Besuch George Charles Herbert, 4th Earl of Powis, verheiratet mit Violett Lane-Fox, Baroness Darcy de Knayth.

5 V. P., alias der »Magier« Raniero Alliata di Pietratagliata

6 Pupo Guido Lajolo, Giuseppes engster Freund, s. Brief XIV

7 Massimo Erede, Lampedusas Freund aus den Universitätsjahren, der vermutlich die Verbindung zwischen dem Autor und Genua schuf, der Stadt, wo Giuseppes erster Versuch als Publizist begann und endete

8 Ebenfalls ein Freund aus Lampedusas Turiner und Genueser Freundeskreis

9 Das Sèvres-Service war aus dem, empfindlicheren, Weichporzellan, berühmt für sein zartes »bleu du roi« und »rose Pompadour«.

Brief IX

1 Im Original: ein komplettes Service für »bethel« aus Gold und Diamanten

2 Lord Clive (siehe VIII, 4)

3 Lady Hermione Gladys Herbert, Tochter des Earl of Powis, und Violet Lane-Fox, Baroness Darcy de Knayth; sie heiratete den sizilianischen Adeligen Roberto Lucchesi-Palli Duca della Grazia, Fürst di Campofranco.

4 Die drei Brüder Raffaele, Giulio und Salvatore Di Benedetto nahmen am Zug der »Mille« teil. Raffaele war Garibaldis Generalstabsoffizier und liegt in der Kirche San Domenico, dem Palermer Pantheon, begraben.

5 Merwyn Horatio Herbert Herbert, 17th Baron Darcy de Knayth, Baron Darcy; er fiel im 2. Weltkrieg.

Brief X

1 Im Original »Cestertonio«, humanistische Italianisierung von Chesterton

2 Zitat von Anatole France aus *La Rôtisserie de la reine Pédauque* in lampedusischer Schreibung: *Amen, dit mon père. Les Agneaux paissen*t *en paix, tandis que les loups se dévorent entre eux.«* Der Satz wird von Léonard Ménétrier, dem Vater des Erzählers Jacques, an den »unsterblichen Abbé Jérome Coignard« gerichtet, eine sowohl von Casimiro Piccolo als auch von Lampedusa geliebten Gestalt, die Anatole France auch in einer satirischen Artikelserie, *Les Opinions de M. Jérome Coignard*, auftreten ließ.

»Amen«, sagte mein Vater. »Friedlich weiden die Lämmer, indes die Wölfe einander verzehren.« (Dt. in: Anatole France, *Die Bratküche zur Königin Pedauque*, Piper, 1987); das Original trägt den Untertitel: *Leben und Meinungen des Herrn Abbé Hieronymus Coignard*. (dt. von Paul Wiegler).

3 Im ital. Original, *dipintore*, die alte literarische italienische Form von Maler

4 1898 wurde John Singer Sargent (1856–1925), der berühmteste und begehrteste Porträtmaler der spätviktorianischen Zeit, von Asher Wertheimer, einem reichen Kunsthändler Londons, zum Anlass seiner silbernen Hochzeit, beauftragt, sein Porträt und das seiner Gattin zu malen. Wertheimers Porträt wurde von seinem Besitzer 1922 der Tate Gallery, zusammen mit acht weiteren Familienporträts, vermacht; das Porträt der Gattin hingegen befindet sich heute im New Orleans Museum of Art.

5 Flora Wertheimer, Ashers Gattin und Tochter eines Londoner Kunsthändlers

6 Hylda, Almina und Conway Wertheimer

7 Lampedusas Cousin, dritter Sohn von Giuseppe Valguarnera, Herzog Arenella, und Beatrice Mantegna

8 Edward Wertheimer

9 Alfred Wertheimer

10 Ena und Betty Wertheimer; Hylda, Essie, Ruby und Ferdinand; Almina in orientalischem Kostüm

11 Amerikanische Filmschauspielerin (1906–1983) und berühmte blonde Schönheit aus der Stummfilmzeit; sie begann ihre Karriere als Broadway Chorusgirl.

12 *The Big Parade* (1925) *(Die große Parade)* von King Vidor. Dieser Film, der erste, der im 1. Weltkrieg spielt, markierte eine entscheidende Wende in Richtung einer Drama-

turgie des realistischen und auf die Aktualität gründenden Films.

Brief XII

1 Dante, Fegefeuer, 24. Gesang, Vers 18. *Drauf ich: »Dem Hauch der Liebe lausch' ich sinnend; / Was sie mir immer verspricht, nehm' ich wahr, / Und schreib' es nach, nichts aus mir selbst ersinnend.«*

Brief XIII

1 *Le père prodigue*, Theaterstück von Alexandre Dumas dem Jüngeren. Baron Giuseppe, der Vater der Geschwister Piccolo, hatte die Familie verlassen; er lebte in San Remo mit einer Tänzerin und hatte Kinder mit ihr. Er starb im November 1928, doch die sich abzeichnenden finanziellen Probleme erregten bereits die Gemüter. Nach dem Tode des untreuen Ehemannes verkaufte Baronin Teresa die Villa in Palermo; auf dem Grundstück wurde ein Wohnhaus gebaut, doch das Immobiliengeschäft löste die Probleme nicht, und 1933 zogen die Piccolo in ihre Landvilla in Capo d'Orlando. Giuseppe Tomasi, der große Bewunderung für die Tante hegte, erinnert daran, dass Baronin Piccolo, bevor sie sich endgültig aufs Land zurückzog, gesagt hatte: »Wir haben alles verloren, aber wir werden alles wieder bekommen.« Anfang der Fünfzigerjahre hatte Teresas hartnäckiger Wille das vorgesehene Resultat erreicht, und in den Worten der Tante, so wie Giuseppe sie wiedergab, schwang Tomasis

Wehmut mit, der den entgegengesetzten Weg ging und zu Beginn der Fünfzigerjahre mit Fug und Recht sagen konnte, er habe alles verloren.

2 Anspielung auf die heilige Theresa von Lisieux, die von Papst Pius X. als »die größte Heilige der modernen Zeiten« bezeichnet wurde. Er leitete das Seligsprechungsverfahren ein, sprach sie 1923 selig und zwei Jahre später heilig.

3 Siehe Brief XIV

Brief XIV

1 Bruno Revel, Lampedusas Gefährte aus der Kriegsgefangenschaft in Szombathely, Sohn eines Waldenserpfarrers, später Professor für französische Literatur an der Universität Mailand; er gehörte zum engsten Freundeskreis Giuseppe Tomasis.

2 (Pupo Guido) Lajolo, Giuseppes engster Freund, den er ebenfalls in seiner Wehrdienstzeit kennenlernte und der zuerst in Genua studierte, dann am Polytechnikum in Turin. 1930 wurde Lajolo von der Montecatini nach Brasilien geschickt; die zwei Freunde unterhielten einen lebhaften lebenslänglichen Briefkontakt.

3 Philopoimen: griech. Feldherr, genannt »Letzter der Hellenen«, alias Pietro Emanuele Sgadari di Lo Monaco (Bebbuzzo)

4 Foro Umberto, Strandpromenade in Palermo

5 Berühmte literarische Beispiele homosexueller Leidenschaften: »Mincio« (die Flusslandschaft am Mincio in Mantua, Vergils Heimat) und »Corydon« spielen auf die zweite Idylle von Vergils *Bucolica* an, auf Corydons unglückliche

Liebe zu Alessi und auch auf André Gides *Corydon*. Die andere Anspielung bezieht sich auf Oskar Wildes *The Picture of Dorian Gray*: »*Eines Nachmittags [...] saß Dorian Gray zurückgelehnt in einem üppigen Lehnstuhl in dem kleinen Bibliothekszimmer im Hause Lord Henrys in Mayfair*« (*Das Bildnis des Dorian Gray*, 4. Kapitel, dt. von H. Lachmann u. G. Landau)

6 Paul Valéry, *Au Sujet d'Adonis* in *Œuvres*, Bd. 1. »*Je ne peux souffrir le ton rustique et faux, les vers d'une facilité répugnante [...], leur bassesse générale, et tout l'ennui que respire un libertinage si contraire à la volupté et si mortel à la poésie.*«

»*Ich kann ihren bäurischen und unechten Ton nicht leiden und das abstoßende Dahinplätschern der Verse [...] ihre Vulgarität und die Langeweile, die eine den Freuden der Sinne so konträre und für die Dichtung geradezu tödliche Libertinage erzeugt.*« (*Zu »Adonis« von La Fontaine* in Paul Valéry, Werke 3, dt. von Eva Rechel-Mertens)

7 G.K. Chesterton, *The everlasting Man* (1925); dt. *Der unsterbliche Mensch* (1930)

8 Giovanni Papini, *Storia di Cristo* (1921), ein von der Konversion des Autors geprägter Text. Dt. *Lebensgeschichte Christi* (München 1925)

Brief XV

1 Die Familie des in Recanati geborenen Giacomo Leopardi und die Tomasi hatten das gleiche Wappen und hielten sich daher für verwandt; mit »jener anderen« ist Lajolos Ex-Verlobte gemeint, eine etwas überspannte Person, die auch später noch mit Tomasi Kontakt hatte.

2 Epiktet, um das Jahr 50 n. Ch. in Hierapolis geboren, wahrscheinlich 138 in Nikopolis gestorben; Begründer der Stoa, sein bekanntestes Werk ist das *Handbüchlein der Moral*.

3 Guido da Verona, populärer Autor von Unterhaltungsromanen

4 John Donne (1572–1631), englischer Schriftsteller, Dichter und Politiker, ließ sich später zum Priester weihen und wurde Dekan von St. Paul's

5 Paraphrase von Giovanni Pascolis *O meine aus dem Meere auftauchende Wiege*, zu Dantes Paradies, *»wo ich, ein Kind, in unschuldsvollem Lallen lachte«*, und dem *»eisenfarbnen Wall«* aus Dantes Fegefeuer und aus Dantes Hölle, wo *»wohl ein Geist in diese Tiefe nimmer«* und *»der Verzweiflung Schrei jedwelches Licht im dunkln Graus verstummen«* lässt

6 Verfluchte Heimat

Brief XVI

1 Enrico Corradini, Journalist, Gründer und Chefredakteur der Zeitschrift *Il Marzocco*, Senator und Mitglied des Faschistischen Großen Rats; *3M* bzw. *3M.:* Mario Maria Martini, Dichter und Chefredakteur von *Le Opere e i Giorni*, einer Literaturzeitschrift, die von den Wirtschaftskreisen Genuas finanziell unterstützt wurde

2 *Una storia della fama di Cesare*, in *Le Opere e i Giorni* (in der Ausgabe vom 1. März 1927, S. 28–42; und 1. April 1927, S. 17–32). Es handelt sich um die Rezension zu *Caesar: Geschichte seines Ruhms* von Friedrich Gundolf (Berlin 1924).

3 Raffaele Calzini, Journalist und Schriftsteller, ab 1926 Sonderkorrespondent beim *Corriere della Sera*

4 Raffaele Calzinis Brief mit dem Datum des 24. Juli 1927 wurde von Lampedusa aufbewahrt. Er lautet wie folgt: »Sehr geehrter Herr, erst heute bin ich in den Besitz Ihrer Adresse gelangt, was mir ermöglicht, Ihnen ein Wort des Danks zu schicken, was ich schon seit sehr Langem vorhatte. Ein sehr schöner Beitrag, der Ihre Unterschrift trägt, der in der Zeitschrift *le opere e i giorni* erschienen ist und mich zu einer Kurzgeschichte inspirierte, die vor Monaten im *Corriere della Sera* erschien. Die Kurzgeschichte trug den Titel *L'Imperatore e lo scriba*, und der Beitrag rezensierte mit perfekter Synthese ein deutsches Werk über Julius Cäsars Ruhm. Danke also, und grüßen Sie mir das wunderschöne Palermo, sollten Sie dort sein, und Fürst Trabia, sollten Sie Gelegenheit haben, ihn zu treffen. Ihr ergebenster Raffaele Calzini.«

Eine Einladung nach Mailand wird darin nicht erwähnt.

5 Die legendäre Konditorei neben der Scala, berühmt geworden durch Schriftsteller wie Ernest Hemingway und Mario Soldati

6 Der Beitrag über Chesterton wurde in *Le Opere e i Giorni* nie veröffentlicht.

7 *plage du soleil et des pyjamas*: im *Officiel de Couture* von 1926 in einem Beitrag zum Lido von Venedig. Ironischer Hinweis auf Palermos Strand von Mondello, wo die Damen in eleganten Pyjamas badeten.

Brief XVII

1 Anspielung auf den Komponisten Lucio Piccolo; der »pizzetante Musiker« bezieht sich auf Ildebrando Pizzetti,

den palermischen Komponisten, der für seine melodischen Rezitative berühmt war.

2 Ironische Anspielung auf Casimiro, den Maler

3 Ironische Anspielung auf Raniero Alliata, den Entomologen, und Corrado Belsito, den Chemiker, der sich ebenfalls für Insekten interessierte

4 Der alte Dichter Enkolpius und sein Geliebter Giton aus Petronius' *Satyrikon*. Im Original handelt es sich beim Paar um Giton und den Studenten Enkolpius. Möglich, dass Tomasi den Namen des Studenten absichtlich in Eumolpius umgewandelt und nochmals auf Lucio Piccolo anspielt.

5 Der Brief des zufriedenen Kunden ist, Casimiros Signatur imitierend, mit einem Gekritzel unterschrieben.

6 Das Datum müsste wohl 1926 lauten.

7 Das Gekritzel steht für die Unterschrift von Raniero Alliata.

8 Das Apokryph ist wiederum mit einem Schnörkel verziert und Lucio Piccolo zugeschrieben.

1 Deutsch im Original

2 Capo d'Orlando, in dessen Gemeindebezirk sich die Villa Piccolo befindet

3 Im handschriftlichen Original fehlt nach dem D. (Durchlaucht) und nach dem P (Porco) der Punkt.

1928

Brief XIX

1 Ironische Anspielung auf eine imaginäre Reise des Indologen, alias Casimiro Piccolo, an den der Brief gerichtet ist

2 Anspielung auf die Szene in *La Rôtisserie de la reine Pédauque* von Anatole France (dt. *Die Bratküche zur Königin Pédauque*)

3 Hutmacher

4 Lucio Piccolo

Brief XX

1 principìculi (principiculos), alte franz. Bezeichnung für die Duodezfürsten in den Wüsten der Barbarei (im 18. Jh. die nordafrikanischen Wüstenstaaten)

2 Giosuè Carducci, *Faida di Comune* in *Rime Nuove*, LXXIX, 1556: *Voi che re siete in Sardegna / ed in Pisa cittadini.* (Ihr, die ihr in Sardinien Könige seid / und in Pisa Bürger.)

3. Paul Valéry, *Le Cimetière marin* in *Charmes: Comme le fruit se fond en jouissance, / come en délice il change son absence / dans un bouche où sa forme se meut, / je hume ici ma future fumée.* (*So wie die Frucht sich auflöst im Genusse, / Abwesenheit Entzücken wird zum Schlusse / in einem Mund, drin ihre Form verschwand, / so atm' ich hier von meinem Zukunftsrauche, / der Himmel singt der Seele im Verbrauche / von den Geräuschen beim

vertauschten Land. In Paul Valéry, *Gedichte*, dt. von Rainer Maria Rilke)

4 Galahad, Ritter der Tafelrunde an König Artus' Hof; Pierre du Terrail, »Seigneur de Bayard«, genannt »Ritter ohne Furcht und Tadel«. Baiardo ist aber auch ein Ritter im Rolandslied. Und das erklärt die Auslassungspunkte im Brief.

5 Armando Diaz, (1861–1928), italienischer Marschall, im Bulletin des Sieges über die Österreicher von 1918: *Die Überreste dessen, was eine der mächtigsten Armeen der Welt gewesen, gingen aufgelöst und ohne Hoffnung das Tal zurück, das sie mit stolzer Gewissheit hinuntergekommen waren.*

6 Auf Italienisch trägt das Märchen *Die Schöne und das Biest* von Mme Leprince de Beaumont den Titel *Belinda e il mostro.* Belinda und Giuseppe Tomasi, das Monstrum, also, wobei Belinda gleichzeitig die entzückende Rosalind aus *As You Like It* ist.

7 goldgelber Safranreis

8 Gebhard Leberecht von Blücher, preußischer General während der Napoleonischen Kriege

9 *Silver arms*: das Wappen der Battenberg (die in England zu den Mountbattens wurden). Dieser Hinweis bringt uns auf die Spur der geheimnisvollen Belinda-Rosalinde. Aus der Battenberg-Familie waren zu jenem Zeitpunkt einige junge Damen im heiratsfähigen Alter. Prinz Ludwig von Battenberg war öfter Gast bei den Florio und Whitackers in Palermo, also könnte es sich bei der geheimnisvollen Schönen um eine seiner Enkelinnen handeln. Das Celia (anstelle von Julia) könnte auf die junge Cäcilia von Battenberg hinweisen, die drei Jahre später den Prinzen Georg von Hessen-Darmstadt heiraten sollte.

10 *So wie die Frucht sich auflöst im Genusse …*

11 Robert Herrik: *Upon Julia's Clothes* in *Hesperides: Whenas in silks my Julia goes / Then, then, methinks, how sweetly flows / That liquefaction of her clothes. / Next, when I cast mine eyes, an see / that brave vibration each way free; / O how that glitterint taketh me!*

1954 zitiert Giuseppe Tomasi in *Letteratura inglese* das Incipit aus dem Gedächtnis mit der gleichen Abweichung wie im Brief (Celia für Julia) und fügt hinzu: *Ich habe den Namen des Dichters vergessen […] Aber das Bild der schönen Frau im Rascheln schwerer Seiden ist mir gegenwärtig geblieben.* (Fehlt in der dt. Ausgabe *Morgenröte der englischen Moderne*, Wagenbach, 1955)

12 Corinne: *Corinne ou l'Italie* von Mme de Stael; Silvia: *The Two Gentlemen of Verona* von Shakespeare; Celia *As You Like It* von Shakespeare, wahrscheinlich aber eine Superposition anstelle von Julia aus Robert Herricks Gedicht, denn in *As You Like It* treten die Frauen meistens *en travesti* auf, tragen also keine verführerisch raschelnden Seiden.

13 P. B. Shelleys Elegie über Keats Tod

14 Dante Gabriele Rossetti, britischer Poet und Maler ital. Abstammung (1828–1882), Mitbegründer der Gruppe der Präraffaeliten

15 George Meredith, viktorianischer Dichter und Erzähler

16 Aldo Castellani, Arzt und Bakteriologe, eine Kapazität auf dem Gebiet der Tropenkrankheiten, Professor an der Universität London und Neapel und Arzt des römischen Hochadels und der Familie Lanza.

17 Ein revolutionäres, von Freeman Harrison Owens entwickeltes Lichttonverfahren, bei dem die Tonspur direkt auf das Filmmaterial kopiert wird. Die Rechte an dieser Erfin-

dung wurden 1926 von der Fox Film. Co. erworben. Daraus entstand später das als Fox Movietone bekannt gewordene Tonfilmverfahren. In den Zwanzigerjahren startete die Fox erstmals eine vertonte Wochenschau.

18 *The Crowd*, berühmter Film von King Vidor (1928). Es schildert ein verbittertes Amerika vor dem Wallstreet-Crash.

19 Die 1925 von Stefano Pittaluga gegründete Aktiengesellschaft wurde zum größten Filmverleiher und kontrollierte zweihundert Kinosäle. Von 1930 an betätigte er sich auch als Produzent und brachte eine Reihe sentimentaler italienischer Komödien heraus, die sogenannten »telefoni bianchi«, darunter den ersten italienischen Tonfilm.

1 Lady Hermione Gladys Herbert, Tochter des Earl of Powis

1 Casimiro Piccolo

2 Piana, die Gegend, wo sich die Villa der Piccolo befindet.

3 Rasierseife heißt auf Italienisch »sapone per la barba«, wenn das »englische« angehängt wird, bedeutet »sapone per la barba inglese« wörtlich »Seife für englischen Bart«.

4 Hon. Alice Katherine Sibell Wimborne Grosvenor, Gattin von Ivor Churchill Guest, Viscount Wimborne, und Geliebte des Komponisten William Walton

5 Alfons XIII. König von Spanien, heiratete 1906 Victoria Eugénie von Battenberg.
6 Cirino, Alfio e Filadelfo, die drei Märtyrerheiligen Siziliens; Cirino wurde im Pechofen verbrannt.
7 *ruggibund*, Wortschöpfung aus *ruggire* (brüllen) und *furibondo* (zornig) in Ernesto Regazzonis lyrisch-satyrischer Ballade *De Africa. (Ma la cosa che c'è in Affrica / e più merita attenzione / è il terribile leone, / ruggibondo e divorier.)*
Ernesto Regazzoni (1870–1920) war wie Tomasi ein profunder Kenner der englischen Literatur und u. a. Übersetzer von Poe. Er war Korrespondent für *La Stampa* in London und in Paris.
8 Ficuzza, ein von Ferdinand IV. angelegtes Jagdreservat in der Provinz Palermo, das später zu einer beliebten Sommerfrische der Palermer Aristokraten wurde. Der Wald ist heute ein Naturreservat.
9 Hilaire Belloc, Dichter und Erzähler französischer Abstammung, der die englische Staatsbürgerschaft erwarb. In *Letteratura inglese* lobt Lampedusa dessen feurige demokratische Gesinnung. (In der dt. Ausgabe, *Morgenröte der englischen Moderne*, Wagenbach, 1991, fehlt der Beitrag über Belloc.)

Brief XXIII

1 Stadtpalais der Guermantes aus Prousts *Suche nach der verlorenen Zeit*
2 Der »schmerbäuchige« Baron Charlus aus Prousts *Sodome et Gomorrhe*
3 Der ehemalige Westennäher und Charlus' Liebhaber

4 Rainer Maria Rilke, *Die Aufzeichnungen des Malte Laurids Brigge* (1910)

1 Die *Tauchnitz Editions*, von Bernhard Tauchnitz gegründet; Vorläufer des Taschenbuchs; die Edition war für die Schüler und Studenten im englischsprachigen Raum gedacht; 1841 wurde die *Library of British and American Authors* gestartet, 1868 eine englischsprachige *Collection of German Authors* und 1886 die *Student's Tauchnitz*.

2 im Text franz. *cossu*

3 Dante, Hölle, Zehnter Gesang, Vers 25: *Doch jener andre mit dem stolzen Sinn, / Der mich gerufen, blieb auf seiner Stätte / Starr, ungebeugt und trotzig wie vorhin.*

Mit *jenem andren mit dem stolzen Sinn* ist Farinata degli Uberti (ein adliger Florentiner Ghibbeline) in seiner Statuenpose gemeint, der in Dantes *Inferno* besungen wird. Seine Statue ist in den Uffizien in Florenz ausgestellt.

4 So im Original

5 Dt. im Original

6 Anspielung auf den Freund Revel, der den Waldensern angehörte.

7 Die berühmten Teigwaren mit Sardinen und die ebenso berühmte junge Ente nach Rouener Art

8 Norma Shearer (1902–1983), kanadische Schauspielerin. Sie begann ihre Karriere bei den Ziegfield Follies und machte dann in Hollywood eine lange Filmkarriere unter den bekanntesten Regisseuren.

9 Dt. im Original

10 Herman Bang, *Das weiße Haus*; die Handlung dieses Romans schildert ein Jahr der unbeschwerten Kindheit des Autors auf der dänischen Insel Alsen.

11 Das 1910 erbaute und 1935 erweiterte Kunsthaus am Heimplatz in Zürich

12 Ferdinand Hodler war nicht Zürcher, sondern Berner, der Großteil seines Werks entstand aber in Genf. 1917 veranstaltete das Kunsthaus Zürich eine erste große Retrospektive seines Schaffens.

1929

Brief XXV

1 »Schlampe«, Anspielung auf Prousts *Suche nach der verlorenen Zeit*

2 Francesco Tomasi di Lampedusa – Zio Ciccio –, Giuseppes Onkel und Bruder von Pietro Tomasi della Torretta, und dessen Frau Angela Santucci. Die Santucci mit ihrem feurigen romagnolischen Charakter hatte einen Erbschaftsstreit mit ihrem Schwager Fürst Giulio vom Zaun gebrochen. Giuseppe erinnerte sich an einen mit Tinte bekleckerten Teppich in einem Salon vom Palazzo Lampedusa, der von einem aus dem Fenster im oberen Stockwerk geschleuderten Tintenfass herrührte, wo Onkel Francesco mit seiner Frau wohnte. Nach dem 2. Weltkrieg verbesserten sich die Beziehungen zwischen Giuseppe Tomasi und dem Paar.

3 Das Konkordat war am 11. Februar 1929 unterzeichnet worden, doch im Mai waren die Beziehungen zwischen Pius XI. und Mussolini bereits wieder gespannt.

Brief XXVI

1 *démarches:* die notwendigen Schritte
2 Pietro Tomasi, Marchese della Torretta, italienischer Botschafter in London (s. Briefe aus England)

Brief XXVII

1 Alice Barbi, Witwe des baltischen Barons Boris Wolff, Gattin seines Onkels Pietro della Torretta, Mutter von Licy Barbi Wolf Stomersee, Giuseppe Tomasis spätere Gattin. Sie hatte das im Brief geschilderte Schloss Stomersee seit 1917 nicht mehr besucht.
2 Bewegungs-, Ellbogenfreiheit
3 Rasen
4 Dt. im Original
5 Alessandra Wolff Stomersee genannt Licy, Tochter aus erster Ehe von Alice Barbi. Giuseppe Tomasi und Licy hatten sich in London kennengelernt, wo beide Gäste in der italienischen Botschaft waren, doch ihre erste Begegnung war keineswegs »Liebe auf den ersten Blick« gewesen, sondern eine schlichte Bekanntschaft, wie Licy später erklärte, im Übrigen sei er damals »in eine andere Frau verliebt« gewesen. Aus dem Briefwechsel zwischen Giuseppe und Licy geht hervor, dass er diesmal ernsthaft um sie zu werben

begann, die beiden heirateten aber erst 1931. Giuseppe benachrichtigte seine Eltern jedoch erst nach seiner Eheschließung mit einem langen Brief (siehe Sabino Caronia, *Licy e il Gattopardo. Lettere d'amore di Giusepe Tomasi di Lampedusa*, Edizione Associate, Rom 1955; und den Brief an seinen Freund Revel in Gioacchino Lanza Tomasi, *Giuseppe Tomasi di Lampedusa. Una biografia per immagini*, Sellerio, Palermo 1998. Von diesen Titeln liegen keine dt. Ausgaben vor).

6 Einrichtung

7 Ecke eines Raums, hier wohl eher kleiner Seitenflügel

8 Torquato Tasso, *Ne la morte del signor Ercole Gonzaga, cardinal die Mantova* in *Rime*, 517, 23: »*Ché memoria del fatto anco non langue*«; *Gerusalemme conquistata*, XII, 75,2: Das Zitat ist *ad usum delphini*. Alice Barbi bestand auf der absoluten Reinheit der italienischen Sprache und pflegte ein »im Arno« gespültes Italienisch.

9 André Pilar, baltischer Baron, dessen Familie spanische Wurzeln hatte, damals noch mit Alessandra Wolff verheiratet. Licy und Giuseppe blieben André Pilar, der homosexuell war, in Freundschaft verbunden.

10 Triptyk, dreiteilige Bescheinigung zum Grenzübertritt

11 Olga Wolff Stomersee, jüngere Schwester Licys, verheiratet mit dem Dilomaten Augusto Biancheri.

Brief XXVIII

1 Hochfrequenz-Lampe

2 Ingenieur aus Palermo

3 Kalauer

4 Kulybjaka, russische Spezialität: üblicherweise mit Lachs,

Buchweizen, Champignons und Eiern gefüllte Pastete in einem Briocheteig. Dass »Kuliback« Anlass zu Witzeleien geben könnte, liegt auf der Hand, denn auf Ital. bedeutet culo (Plural culi) Hinterteil.

5 *Vathek, Eine arabische Erzählung* (München 1964); dt. von H. Schiebelhuth

6 Beckford, William (1759–1884), Autor von *Vathek*, einem der erfolgreichsten Schauerromane, der 1787 auf Französisch erschien und gleich darauf ins Englische übersetzt wurde

7 Wortspiel aus (Tele)funken, Casimiros Radiogerät, und peto (auf Italienisch Furz)

8 Pietro Ferro, Komponist und künftiger Direktor des Palermer Konservatoriums. Lucio Piccolo hatte bei seinem Vorgänger Antonio Savasta Musik studiert.

9 In diesem Kontext höchstwahrscheinlich eine der prächtigen Gänse der Piccolo

10 Gutierrez Spadafora, Fürst Spadafora, Mitglied im Circolo Bellini

11 Francesco Notarbartolo di Sciara, Mitglied im Circolo Bellini

12 Morminos Frau

13 Nicht identifizierte Person

14 Michele Pintacuda, Immobilienbesitzer, Musiker und Literat. Die Familie Pintacuda hatte die Grundstücke der Villa Lampedusa in der Nähe von Terre Rosse erworben, wo die ledigen Fräuleins Lampedusa wohnten. Die Grundstücke befinden sich in der Nähe von via Libertà und der heutigen via Siracusa, via Messina und via Caltanissetta. Michele Pintacuda beschäftigte sich als Amateur mit Antiquitäten, und man wandte sich um Rat an ihn: Aus Teresa Piccolos Briefen geht hervor, dass die Piccolo ihn sehr schätzten. Pin-

tacusa könnte also in einem Zusammenhang mit dem geheimnisvollen Masnata stehen.

15 Lob sei uns!

1 Berliner Kinde (sic); auch wenn der Autor die Beine der jungen Berlinerinnen meint, übernimmt er Ringelnatz' berühmtes *An Berliner Kinder* aus dem *Geheimen Kinder-Verwirr-Buch*. Ringelnatz trat zu jenem Zeitpunkt auf der Kleinkunst-Bühne »Schall und Rauch« auf und erklärte in seinem Gedicht den Kindern, was ihre Eltern – von tanzen, saufen, küssen, fressen bis zum Opium und Kokain – so alles treiben, wenn die Kinder schlafen gehen müssen.

2 Dt. im Original

3 Nicht identifizierte Person

4 *piriti*, im siz. Dialekt Furz

5 Sic: Marlene Dietrichs *Ich bin von Kopf bis Fuß auf Liebe eingestellt*

6 So im Original

7 Sizilianische Bauernhäuser mit Innenhof

8 Würzige Stumpen

9 Der Schoppen Bier

10 So im Original

11 Wahrscheinlich »männliches Organ« gemeint

12 Dt. im Original

13 schmerzlich, bitter

14 Dt. im Original: Schupo (Schutzpolizei)

15 Giosuè Carducci, 1835–1907, italienischer Schriftsteller

16 Franz. im Original

17 Besitzer eines Radio- und Grammophongeschäfts in der via Rosolino Pio in Palermo

18 Nicht identifizierte Person. Di Leo und Barba hängen mit den Radiogeschäften in Palermo zusammen.

Anhang

Beatrice Lampedusa, Giuseppes Mutter, schreibt dem Sohn nach London. Der Brief gehört nicht zum Fundus der Biblioteca di via Senato in Mailand, sondern zu den von Lampedusas Erben aufbewahrten Briefen.

Brief 1

1 Sardische Zwergesel: Jolanda von Savojen, Tocher von Vittorio Emmanuele III., und ihr Mann Giorgio Calvi, Conte di Bergolo; sie hielten sich oft in England auf, denn sie waren beide Pferdeliebhaber und hatten sich in England kennen gelernt.

2 Kleine Nebensächlichkeiten

3 Salon

4 Besuch vom Kronprinzen Umberto von Savoyen im Juni 1926, den die Florio in der Villa Igea empfingen (von Beatrice Lampedusa »Ppe« genannt) –

5 Der Brunnen der Piazza Pretoria, an dem die Klosterkirche Santa Caterina steht.

6 Clementina Trigona, Cousine ersten Grades der Piccolo und der Lampedusa. Ihre Mutter, Giulia Mastrogiovanni Tasca Filangeri di Cutò, verheirate Trigona, war Hofdame von Königin Elena.

7 Im Original »séché«, ein franko-sizilianisches Wort

8 Pietro Lanza Branciforte Fürst Trabia, Reichssenator

9 Giuseppe Lanza di Trabia, ältester Sohn von Fürst Scordia; Anspielung auf die Hochzeit von Jolanda von Savoyen mit Graf Calvi di Bergolo, einem nicht so vornehmen Geschlecht wie die Lanza di Trabia

10 Franca Florio; das Imperium der Florio war bereits im Untergang begriffen. Franca war in ihrer Eigenschaft als Hofdame der Königin eigens aus Anlass des Besuchs des Thronfolgers aus Rom angereist, wohin die Familie umgezogen war.

11 Giulia, Gattin von Giuseppe Mantenga Fürst Gangi, Eigentümerin des vom Architekten Andrea Giganti in Piazza Croce dei Vespri gebauten Palazzo Gangi. In den Sälen dieses Palastes drehte Visconti die Ballszenen des *Gattopardo*.

12 *Curtigghiu*, siz. für Gesellschaftsintrige

13 Gabriele Bordonaro, Diplomat, und Anna Papè della Scaletta

14 Michele Spadafora Herzog Bissana, Vater von Gutierrez

15 Stefano Lanza Filangeri Graf von San Marco

16 Ugo Oddo, Freund von Fulco Santostefano della Verdura

17 Im Mai 1925 war Roald Amundsen in Richtung des Nordpols geflogen, brach dann im März 1926 mit dem von Umberto Nobile geflogenen Luftschiff zu einer Nordpol-Expediton auf.

18 Francesco De Pinedo hatte 1925 den »Flug der drei Kontinente« unternommen.

19 Pietro und Tomasi della Torretta und seine Frau Alice Barbi

20 Peggy Hirsch, Gattin von Corrado (Cocò) Valguarnera Fürst Niscemi

21 Im Original »liberarsi«, auf Sizilianisch für »abhauen«

Brief II

1 Bekannter Baumaterialhändler. Er wurde von der lokalen Aristokratie auch wegen seiner Geldverleiher-Tätigkeit frequentiert.

2 Vertrauensarzt der Piccolo in Capo d'Orlando

3 Bei der 1937 vom Duce ausgerufenen Universalität Roms nach Palermo geflüchteter Jude. Er war der Bibliothekar von Pietro Emanuele Sgadari di Lo Monaco alias Bebbuzzo. Rosenstingl gelang es, nach Spanien zu fliehen, und eröffnete dort ein Antiquitätengeschäft.

Roman eines Reisenden

1 »Lauter Belanglosigkeiten; aber ich fürchte, man wird mich für ein Monstrum halten.«

2 »Sehr lustig, Fürst, wirklich amüsant: Sie müssten Romane schreiben, Sie verstehen es ausgezeichnet, Gruselmärchen zu erzählen.«

PIPER

Giuseppe Tomasi di Lampedusa
Der Gattopardo

Roman. Neuausgabe. Herausgegeben und mit einem Nachwort von *Giocchino Lanza Tomasi. Aus dem Italienischen und mit einem Glossar von Giò Waeckerlin Induni. 367 Seiten. Gebunden*

»Il Gattopardo«, der berühmteste Sizilienroman der Weltliteratur und einzige Roman des Fürsten Lampedusa, eine glühende Hommage an das alte Europa: Von seiner eigenen Familiengeschichte inspiriert, schuf Lampedusa diesen literarischen Meilenstein um Glanz und Untergang eines Adelsgeschlechts im 19. Jahrhundert. Nach dem Tod des Autors von Giorgio Bassani entdeckt, erschien das Manuskript 1958 bei Feltrinelli und wurde bald rund um die Welt als Sensation gefeiert – wiewohl von Lampedusas Witwe um einige vermeintlich kompromittierende Passagen gekürzt. Bis heute zählt »Der Leopard« zu den wichtigsten und erfolgreichsten Büchern des Piper Verlags, die Verfilmung von Luchino Visconti zu den schönsten Kinoerlebnissen. Jetzt liegt erstmals seit fast 50 Jahren der vollständige Text vor – von Lampedusas Erben freigegeben und zum Piper-Jubiläum originalgetreu neu übersetzt.

PIPER

Simonetta Agnello Hornby
Die Marchesa

Roman. Aus dem sizilianischen Italienisch und mit einem Nachwort von Monika Lustig. 448 Seiten. Gebunden

Es soll ein Fest werden, das den Gästen und den Einwohnern des kleinen sizilianischen Ortes Sarentini unvergeßlich im Gedächtnis bleibt. So wird die Taufe der kleinen Baronesse Costanza Safamita zu einem prächtigen Ereignis im Palazzo und auf der Piazza unter duftenden Oleanderbäumen und blühendem Jasmin. Es ist das Jahr 1859, und wenigstens für einen Tag soll die Feier die Sorge um die politischen Unruhen auf der Insel vertreiben. Dem kleinen Mädchen wird nie wieder so viel Aufmerksamkeit und Wohlwollen beschieden sein. Entspricht sie doch mit ihrer unbändigen Natürlichkeit und dem fragwürdigen roten Haar so gar nicht dem Ideal der eleganten aristokratischen Gesellschaft Palermos. Dabei ahnt niemand etwas von dem Schatten, der über ihrer Herkunft liegt, und von dem düsteren Geheimnis, das die Familie Safamita hinter ihrer prunkvollen Maske zu verbergen hofft.

Il Mostro affa[...]
vato momentane[...]
go che egli ha se[...]
nante e sedativ[...]
viaggio compiu[...]
molte bellissim[...]
ha arricchito il [...]
vienza e di rose[...]
di dovere le fut[...]
rà relazione nell[...]
avrà ricevuto

E adesso il [...]
possiede un let[...]
benchè giovine e [...]

Il M[...]